Pedro Almodóvar

Pedro Almodóvar

Jean-Max Méjean

Traducción de Caterina Berthelot

MA
NON
TROPPO

Un sello de Ediciones Robinbook
información bibliográfica
Indústria, 11 (Pol. Ind. Buvisa)
08329 - Teià (Barcelona)
e-mail: info@robinbook.com
www.robinbook.com

Título original: *Pedro Almodóvar*

Quisiera expresar mi agradecimiento hacia todas aquellas personas que me han ayudado a lo largo de mi quehacer profesional y que me han permitido culminar mis estudios de cine, para empezar a mi madre y al profesor Henri Agel, de la mano de quien descubrí el séptimo arte en la universidad de Montpellier. Resulta harto difícil nombrarlas a todas, pero en relación con este libro sobre Pedro Almodóvar, quiero expresar muy especialmente toda mi gratitud a Paz Sufrategui, quien siempre ha sabido estar a mi disposición para ofrecerme datos sobre el cineasta, así como a Chris Artigaud, por sus numerosas y valiosas correcciones.

Créditos fotográficos:
Centro Studi Cinematografici: págs. 17, 20, 23, 28, 31, 35, 37, 38, 39, 43, 45, 50, 71, 73, 77, 80, 81, 86, 87, 89, 103, 104, 109, 112, 118, 121, 126, 130, 135, 140, 143, 145, 147, 151; Centro Studi Cinematografici, Teresa Isasi: págs. 55, 72; Cahiers du Cinéma n.º 455/456, César Urrutia; pág. 14; Cinevista: págs. 19, 95, 96; Sony Pictures Entertainment: págs. 56, 126, 128; Omega/Sygma/Grazia Neri: págs. 57, 101, 115, 134; October Films: p. 124 (arriba y abajo); Miramax Films: pág. 63; Peter Lindberg: págs. 26, 79; Mimmo Cattarinich: págs. 33, 52, 61, 62, 64, 65, 67; Mimmo Cattarinich/Luigi Volpe: págs. 42, 48, 49, 82, 100, 106, 107, 149; Diego Lòpez Calvin: 91, 97, 138, 139, 159; Paola Ardizzoni y Emilio Pereda: 166, 169, 173, 174, 175, 177, 179.

Diseño de cubierta e interior: La Cifra (www.cifra.cc)
Fotografía de cubierta: © Radek Pietruszka/epa/Corbis
ISBN: 978-84-96222-91-5
Depósito legal: B-14.152-2007

Impreso por Limpergraf, Mogoda, 29-31 (Can Salvatella), 08210 Barberà del Vallès

Impreso en España – *Printed in Spain*

Índice

Almodóvar, una fenomenología española

Fuera de España, Almodóvar *es* España. Rara vez un cineasta (o un escritor) encarna todo un país para los públicos del resto del mundo, y el fenómeno lo hace aún más insólito la naturaleza del cine de Almodóvar, que nació al margen de la industria, se inspiró en la periferia de la realidad española y nunca ha aspirado a la alegoría social o al retrato de costumbres. Almodóvar se nutre de sí mismo y crea en sus películas un universo peculiar, y aun así conecta de forma arrolladora con los espectadores más ajenos a él, más alejados, incluso más opuestos. ¿O acaso la vigencia, la tentación, el éxito de su cine —siempre más aclamado, por lo menos antes, fuera de España que dentro— radica precisamente en su atrevida invención de un país que el extranjero admira y desea?

No es por eso extraño que las mejores aproximaciones escritas a su cine hayan venido de fuera, desde el temprano y precioso libro recopilatorio *Folle Folle Folle Pedro,* publicado en Italia en 1992, a las minuciosas conversaciones con el director manchego recogidas por el francés Frédéric Strauss. De hecho, y aunque esto hoy se olvide, se desconozca o se disimule, Almodóvar tardó mucho (hasta *¿Qué he hecho yo para merecer esto!*) en ser aceptado como un gran cineasta en su país, tanto por la crítica como por los cinéfilos y buena parte del público. Cuando ya en París y en Berlín, en Nueva York y hasta en Delhi sus películas causaban delirio, aquí aún era un raro, un producto coyuntural, y por tanto efímero, de la movida y otras (malas) yerbas, la flor secreta de un día; a algunos hasta les repugnaba su osadía. Así se escribe la historia del arte (el séptimo y los demás) en España.

El libro de Jean-Max Méjean es una buena aportación a la ya considerable bibliografía almodovariana. Más que abrir nuevas vías de interpretación, Méjean recapitula, y su inventario es no sólo informado sino inteligente. Me gustó por ejemplo su apunte respecto al pronunciado gusto de Pedro por la inclusión de coplas antiguas (principalmente boleros) en sus películas, a veces sin excusa; Méjean no lo ve como una extravagancia pop o una variante de las fantasías cantadas (y bailadas) en los desmelenados musicales de Bollywood, sino como el tejido de una fijación infantil: las canciones que las madres (al menos las de antes, que, por su confinamiento casero, tenían más tiempo) cantaban al planchar o al hacer el bocadillo de «chope» para la merienda de los niños.

Partiendo de ahí, y en un epígrafe titulado «El amor amargo de una madre», Méjean traza una completa galería de las figuras maternas, tan presentes a partir de *¿Qué he hecho yo para merecer esto!* en la filmografía de Almodóvar. En la madre egoísta y ausente de *Tacones lejanos*, el autor del libro ve con acierto la inspiración de esa madre atormentada y oculta de la extraordinaria obra maestra de Hitchcock *Marnie la ladrona*. Pero también pasa revista a las demás, la madre fálica y opusdeísta de *Matador*, la parasitaria de *Tacones lejanos*, o, entre otras, la amorosa de *Todo sobre mi madre*. Ese conjunto ha sido, por supuesto, muy enriquecido por *Volver*, donde el conflicto surgido de la carencia afectiva de Raimunda (Penélope Cruz) y la desaparición de la abuela Irene (Carmen Maura) centra la acción, ramificada desde ese sugestivo núcleo madre/hija en una rica serie de maternidades y filiaciones femeninas reales o soñadas.

Estoy seguro, en cualquier caso, de que Pedro aún no lo ha dicho todo sobre la madre, sobre las madres, sobre las mujeres, a las que seguramente les dará un respiro para adentrarse en ese territorio comparativamente inexplorado de su cine que son los hombres. Y no sería raro que un día de estos Almodóvar nos sorprendiera con un *Todo sobre mi padre*.

Sin exagerar la línea privada entre la telefonía y el realizador, que, como es sabido, trabajó antes de dedicarse plenamente al cine en Telefónica, Méjean sí establece una conexión reveladora entre los personajes de sus películas y esos aparatos de una presencia constante, fuera de lo normal, en tramas y diálogos. En un capítulo bellamente titulado «El teléfono, ombligo de los limbos» (una paráfrasis del extraordinario libro de prosas poéticas y dramáticas de Antonin Artaud *L'ombilic des limbes*), el autor expande el sentido meramente comunicativo del teléfono, explorando sus connotaciones sexuales, sentimentales o agresivas. Los espectadores sabemos que para Almodóvar cualquier objeto puede pasar súbitamente a convertirse en arma, y también en objeto de deseo.

Por coincidir con mi opinión, celebro que Jean-Max Méjean destaque en la filmografía almodovariana *La ley del deseo,* la más lograda película de «grandes pasiones» que Almodóvar hizo en la primera década de su carrera. Menos terrenal que *¿Qué he hecho yo para merecer esto!,* menos onírica que *Matador, La ley del deseo* aborda, sin embargo, con gran dominio de los conflictos emocionales y la estilización formal un relato de intensa locura amorosa. Se dijo con motivo de su estreno que *La mala educación* era una repetición temática de *La ley del deseo,* lo cual, teniendo algo de verdad, puede llevar al engaño. La transexualidad, la religiosidad, el traumatismo infantil aflorado en la edad adulta y, naturalmente, la breve aparición en la capilla del colegio Ramiro de Maeztu del sacerdote corruptor de alumnos están en la película de 1986 como motivos —unos más anecdóticos que otros— desarrollados centralmente en la penúltima obra de Almodóvar. Pero ¿acaso no está también en *La ley del deseo,* al igual que en otras obras del director, el germen de las siguientes y el reflejo de las anteriores, en ese constante juego de espejos convergentes, autorreferencias y obsesiones sublimadas que caracterizan su cine? El fantasma de la escritura como adicción que estropea o recorta la vida, simbolizado en la máquina de escribir estallada; la mímesis teatral o musical, en este caso el monólogo *La voz humana* de Cocteau representado en el escenario y revivido en la trama del film; el importante espacio infantil (la devota niña Ada hija de dos madres) asociado al mundo transgresor y desaforado de los mayores: «almodovarismos» de fábrica.

Muchos de esos «almodovarismos» formales y temáticos (no sólo, por supuesto, de *La ley del deseo,* sino del resto de las películas) están examinados con solvencia en este libro relativamente breve pero compacto, un ejemplo más de la fascinada curiosidad que la obra de Almodóvar despierta fuera de nuestras fronteras, quizá porque en su cine él inventa un país que no viene en las historias de España. Una patria propia que acoge la imaginación de millones de espectadores repartidos por todos los lugares del globo.

VICENTE MOLINA FOIX

Un cineasta ibérico
muy de nuestros días

La huella imborrable de España

Nacido en 1949 en Calzada de Calatrava, en La Mancha,[1] en el seno de una familia modesta, Pedro Almodóvar ha pasado, en cierto modo, de la marginalidad al reconocimiento internacional. Todo el mundo conoce la extraordinaria trayectoria de Pedro, llegado con diecisiete años a Madrid en el preciso momento en que el Caudillo acababa de clausurar la escuela de cine. Se vio obligado a entrar a trabajar en Telefónica para subsistir, lo que le permitió observar muy de cerca la pequeña burguesía urbana y realizar sus primeros escarceos con el súper 8, ya que la pasión por el cine seguía anidando en él. Es la suya, en pocas palabras, una historia fuera de lo común, ya que de 1974 a 1978 Pedro Almodóvar realizó unos diez cortometrajes, actualmente no disponibles, y un largometraje de duración indeterminada, *Folle… folle… fólleme… Tim.* Después, la movida madrileña

Pedro Almodóvar dirigiendo a Gael García Bernal en *La mala educación.* «Por lo general, la mujer fatal posee características iconográficas fácilmente identificables. En este caso, se trata de un joven aparentemente inofensivo, que resulta en realidad siniestro y peligroso», declara el realizador refiriéndose al personaje.

Nacido en 1949 en Calzada de Calatrava, en La Mancha, en el seno de una familia modesta, Pedro Almodóvar ha pasado en cierto modo de la marginalidad al reconocimiento internacional.

lo acogió en su seno y lo catapultó al firmamento de la fama. El cineasta se ha sincerado profundamente con Frédéric Strauss y, al leerlo, uno se da cuenta de que a Pedro Almodóvar no le gusta que los demás cuenten su vida. «Odia la idea de que alguien pueda escribir su biografía —escribe Frédéric Strauss—, antes o después de su muerte. Ésta es una de las razones por las que desearía no morir nunca.»[2] No añadiremos pues nada más, pero es probable que, en el fondo de él mismo, Pedro Almodóvar no acabe de creérselo. En efecto, nada podía dejar entrever en su historia personal que se convertiría en un cineasta de talento incuestionable, a menos que hubiera sido inconscientemente influenciado por España y por la religión católica, que fue la base de su educación. Una educación además «espectacularmente religiosa», tal como nos cuenta Frédéric Strauss.[3]

En efecto, la España franquista que lo vio nacer era todavía muy influyente en los años sesenta, y no podría sino marcar una generación entera, privada de libertad, de revolución sexual y de cine. Esta España está presente y vibra en todas las películas de Pedro Almodóvar. Quizás la encontremos todavía con más fuerza que en las películas de Carlos Saura, su predecesor, como si Pedro Almodóvar se hubiera inspirado más bien en Buñuel y en otras influencias mediterráneas, como la innegable de Federico Fellini. Pedro Almodóvar lo explica a través de la pluma de Patty Diphusa, su *alter ego* femenino, en una obra publicada en 1992 que recopila los textos escritos por él en periódicos como *La Luna*, *Diario 16*, *El Globo* o incluso *El Víbora*. «Hasta hoy, España ha sido el reino de la *mediocridad*. Mi acceso a la fama ha permitido poner en primer plano de la escena valores que, tan sólo unos meses antes, habrían sido puestos sobre la picota; me estoy refiriendo al talento, al encanto natural, a la espontaneidad, al atrevimiento. ¿Por qué no llamar a las cosas por su nombre y hacerlo de forma inteligente? Es evidente, la situación ha cambiado, pero yo no quiero ser responsable de esta revolución y todavía menos vivir de ella. Hasta ahora, he vivido de la prostitución y he prescindido del reconocimiento oficial para seguir hacia delante. No soy lo suficientemente intelectual como para hacer creer que soy frívolo.»[4]

Cuando Pedro Almodóvar, provinciano exiliado, habla de Madrid, encontramos ecos de un Federico Fellini muy joven llegando a Roma, un Federico probablemente todavía muy cerca de su madre y de las grandes películas románticas. «Ir a Madrid. Mi primer recuerdo me viene de boca de mi madre.

Cuando era pequeño, nos contaba, como en un cuento de hadas, que de niña había visitado Madrid y paseado por la calle Alcalá. Eran los años veinte. Nos hablaba también de las Infantas, aunque no recuerdo lo que nos decía exactamente. En mi imaginación, me gustaba pensar que mi madre había ido a Madrid y que, al pasear por la calle de Alcalá, se había cruzado con las Infantas. Para un nativo de La Mancha, el viaje a Madrid, a principios de ese siglo, debía ser algo así como un viaje a la Luna: los habitantes de La Mancha viajaban poco, y aún menos en aquella época....

»Mi madre me transmitía la imagen de un Madrid de leyenda, que yo imaginaba semejante a una de las ilustraciones que abundaban en las enciclopedias y a que a mí me gustaban tanto. Creía que vivir en Madrid era algo así como vivir en los decorados de *Sissi Emperatriz*.»[5]

Sin embargo, no podemos decir que Pedro Almodóvar se haya interesado por el cine desde su más tierna infancia, y por un motivo de peso. Confiesa a Frédéric Strauss que en el pueblo donde vivía no había cine y que lo descubrió, de forma bulímica, más tarde, al llegar a Madrid. Acudía entonces cada tarde a la filmoteca para devorar las películas neorrealistas italianas (sobre todo Antonioni y Rossellini), al igual que las de Pasolini y Visconti, sin olvidar las comedias americanas de los años cuarenta y cincuenta: de hecho, ha visto a Billy Wilder en varias ocasiones en Los Ángeles y parece ser que éste le recomendó no rodar nunca en Hollywood. A lo largo de estas entrevistas, aprendemos también que la Giulietta Masina de *Las noches de Cabiria* le sirvió de modelo para Kika... Pero nada, ni una sola palabra sobre los grandes cineastas españoles, concretamente sobre Luis Buñuel, cuya influencia en el cine de Pedro Almodóvar veremos después. Cómo explicar, pues, si no es por una especie de inconsciente colectivo, la presencia de España en toda su obra, con su desmesura (sin caer en los tópicos), sus colores, la imprescindible corrida (*Matador*, *Hable con ella*), la religión católica repleta de *pathos* y de *mater dolorosa*, el apego a la madre y a las mujeres y finalmente —aunque esta lista no pretende ser exhaustiva— el machismo y su corolario explosivo, el travestismo y la homosexualidad. Y evidentemente, la movida madrileña, ese movimiento de liberación que le permitió por fin «venir al mundo», aunque también es cierto que participó de forma muy activa en su emergencia. Sin embargo, desde sus inicios, Pedro Almodóvar busca sus modelos más allá del Atlántico, en maestros como

La corrida constituye el alma de España. Se halla presente tanto en la pintura, con Picasso o Goya, como en el cine y la literatura (aquí en *Hable con ella*).

Andy Warhol, Paul Morrisey o John Waters. Ellos, los padres del *underground*, con grupos señeros como The Velvet Underground, parecían ser los más indicados para sacar a España de su letargo, siendo su influencia evidente en sus tres primeras películas: *Pepi, Luci, Bom y otras chicas del montón*, *Laberinto de pasiones* y *Entre tinieblas*. De hecho, conoció a Carmen Maura a través de la compañía de teatro Los Goliardos, interpretando con ella *El diablo y el Buen Dios*, de Jean-Paul Sartre. Fue también ella quien le ayudó a realizar su primera película en 16 milímetros: *Pepi, Luci, Bom y otras chicas del montón*, a partir de un guión de cómic que había escrito para la revista *El Víbora*, y en la que interpreta uno de los papeles protagonistas, un hecho notable, puesto que ya era una actriz reconocida en España.

Ésta sería, pues, la primera época de Pedro Almodóvar, del mismo modo que hablamos de las épocas de Picasso, y estuvo muy marcada por la provo-

cación y la vulgaridad, sin duda en respuesta a los años obscurantistas y diri-
gistas del franquismo. Así, el primer travesti que aparece en los largometrajes
de Pedro Almodóvar es, claro está, el de *Pepi, Luci, Bom y otras chicas del montón*, extravagante con su minifalda de lentejuelas, que recomienda mascarillas
faciales con macedonia de verduras. Un Andy Warhol español, una comparación con la que a menudo se ha gratificado a Pedro Almodóvar. Éste, sin embargo, progresivamente, ha sabido salir de esta imagen de marca para acceder

Arriba, Pepi recibe una mañana la visita de un amenazador policía, quien desde el edificio vecino se
ha dado cuenta de que cultiva marihuana en el balcón. Es el inicio de una intriga complicada y
provocadora, la del primer largometraje: *Pepi, Luci, Bom y otras chicas del montón*.
   A la derecha, un cara a cara entre la principiante Cecilia Roth (que interpreta a una ninfómana) e
Imanol Arias *(Laberinto de pasiones)*.

a un cine más profundo, más arraigado en las mitologías españolas y universales. Aquel que en los años setenta realizó, junto a su hermano Agustín, un altar dedicado a Marilyn Monroe, se ha convertido en la actualidad en un gran descubridor de talentos (Antonio Banderas, Victoria Abril, la cantante Luz Casal, el grupo La Lupe, etc.), y está en camino de convertirse en uno de los realizadores contemporáneos más premiados. ¿Marilyn habría accedido a sus peticiones? En cuanto a la comparación con Warhol, incesantemente repetida en sus inicios, podría haberle sido nefasta. Pedro ha preferido siempre tomarla con sentido del humor. «Siempre se ha dicho de mí que era el Warhol español. Durante una velada celebrada en casa de los March en honor a Andy, me preguntó cuál era el motivo de ello. "Porque no han encontrado nada mejor para hablar de mí", contesté. "A primera vista no nos parecemos en nada", me dijo; Warhol brillaba con su famosa peluca rubio platino, mientras que yo lucía una melena negro azabache de pelo verdadero. "¡Debe de ser porque en mis películas hay muchos travestis y drogadictos!", contesté con insolencia, consciente del hecho de que lo que acababa de decir y el papel que me acababa de atribuir tenían algo de ridículo.»[6]

Sin embargo, estamos hablando innegablemente de España. Las primeras películas de Pedro Almodóvar nos presentan una España pasada por el tamiz de la movida, un tanto *underground,* voluntariamente excesiva y provocadora, en una palabra: *trash.* Y, sin embargo, aparece representada en todo el esplendor de su colorido y de su lengua, a menudo vulgar y sin rodeos.

Pero en ninguna ocasión, a diferencia de Fellini, aparecen referencias arquitectónicas o históricas de Madrid, ningún equivalente de la Fontana de Trevi o del Coliseo, nada de El Retiro, ningún lugar iconográfico fácilmente identificable, ni siquiera alguna estatua conocida, a excepción, quizás, de la Plaza Mayor, que sirve de decorado a una secuencia de *La flor de mi secreto,* precisamente cuando Leo vuelve a disfrutar de la vida y de la ciudad.

La dirección de actores es sin duda uno de los aspectos del oficio que más fascina a Pedro Almodóvar, que intenta siempre obtener el máximo de los personajes que pone en escena. En la imagen, Eusebio Poncela, protagonista de *La ley del deseo*.

Vemos desfilar incesantemente a la ciudad en *Laberinto de pasiones*, a través del parabrisas de los coches a los que se suben los personajes. Vemos como desfilan calles y plazas, pero sin poder darles un nombre. España está presente/ausente, un hecho sin duda intencionado. De ahí la importancia de los decorados artificiales para enmascarar y alterar nuestra percepción. Así, en *Mujeres al borde de un ataque de nervios*, la acción podía desarrollarse en cualquier lugar de Europa o de América. ¿De dónde procede entonces esta sensación ibérica, más allá del lenguaje gestual, de los nombres o de las situaciones barrocas de los personajes? La respuesta es que del decorado, con colores sorprendentes y chillones, pero también del toque mediterráneo y español presente en ese balcón construido en el estudio, con sus gallinas, sus plantas y sus palomas revoloteando. Un tanto inesperado, lo suficiente como para imaginar que estamos en otro lugar, en un país donde todo es posible, en donde los edificios están habitados por locos y mujeres fuertes, patéticas y lamentables.

Move again, es el final de la movida

De este modo, Pedro Almodóvar consiguió crear una España de cine, en cierto modo una España personal, sin grandes referentes culturales, a la vez que perfectamente identificable. Como prueba, podemos afirmar sin miedo a equivocarnos que Pedro Almodóvar (a partir del éxito de *La ley del deseo* en Francia) contribuyó a transmitir en el contexto de unos años ochenta muy punks y contestatarios una imagen totalmente nueva y de lo más *in* de España. Una España liberada del yugo franquista, a punto de ingresar en la Comunidad Europea, y que no pensaba volver sobre su pasado. Podría pensarse que Pedro Almodóvar, en un determinado momento de su carrera, se hubiera sentido obligado a volver sobre Franco, para denostarlo todavía más. En absoluto fue así, sobre todo porque su cine, calificado en ocasiones de iconoclasta, no necesita dar lecciones de política. Éste no es el objetivo declarado del artista, quien confesó a Frédéric Strauss: «Mis películas no han sido nunca antifranquistas, ya que, sencillamente, no reconozco la existencia de Franco. Es un poco mi venganza contra el franquismo: no quiero que quede ni el recuerdo, ni la sombra».[7]

Mujeres al borde de un ataque de nervios, una película inesperada que nos permite imaginar que nos encontramos en otro lugar, en un país donde todo es posible, en donde los edificios están habitados por locos y mujeres fuertes, patéticas y lamentables.

Sin embargo, es preciso apuntar que esta afirmación es anterior al rodaje de *Carne trémula*, en la que, desde el principio de la película, la alusión al franquismo es, por una vez, muy clara. Mientras leía una crónica de sucesos que contaba la historia de un niño nacido en un autobús, Pedro Almodóvar tuvo la idea de dar vida a Víctor, el personaje principal de la película, en esas mismas condiciones.

Además, su nacimiento se produciría en una noche grabada en la memoria de todos los españoles: durante la intentona golpista de 1981, cuando fue decretado el estado de excepción.[8] «Hace veinte años —nos confiesa Pedro Almodóvar—, tras haberme reído de él, mi venganza contra Franco consistía en ni siquiera reconocer su existencia, su memoria, en hacer mis películas como si no hubiera existido nunca. Actualmente, creo que es bueno no olvidar aquella época, recordar que no está tan lejos.»[9] ¿Voluntad política o conciencia histórica tardía? Por otra parte, la película acaba con estas palabras pronunciadas por Víctor: «Ahora, en España ya no tenemos miedo.»

Hablando de su experiencia en *Carne trémula*, Pedro Almodóvar declara: «Las ruedas de estas sillas evocan el movimiento del cine. No hay nada más propio al cine que esta dinámica».

En todo caso, resulta difícil reprocharle este cambio de actitud, aunque algunos piensan que Pedro Almodóvar, quien conoció el franquismo y sus funestas derivaciones, no está suficientemente comprometido y no denuncia como debería el negro pasado de España.

Antifranquista sin manifestarlo, Pedro Almodóvar es quizás el cineasta con el que soñaba España para demostrar que ha cambiado. Pero ¿es éste motivo suficiente para convertir al cineasta en una especie de símbolo rápido y a la moda del antifranquismo? Un lector responde en *Le Monde Diplomatique* a un artículo publicado en este periódico en abril de 2000 y que parecía señalar a Pedro Almodóvar como un adalid del antifranquismo: «En cuanto a Pedro Almodóvar, sería el primer sorprendido en saber que su obra constituye una revancha para los vencidos de la Guerra Civil. Lo siento mucho, pero Pedro Almodóvar, cineasta de gran talento, es el perfecto representante de una generación que se desentiende del pasado y que, aunque llegue a burlarse de instituciones como la Iglesia y la policía, jamás las cuestiona. […] Las provocaciones de Pedro Almodóvar no dan miedo a nadie; por el contrario, constituyen la coartada libertaria de una España autosatisfecha, amnésica y conformista».[10] Aunque lo que escribe este lector no es totalmente falso, quizás convendría matizar su afirmación, constatando que Pedro Almodóvar ha trabajado mucho para crear una España nueva, pese a que ésta, si bien es una democracia parlamentaria, todavía no es una república y conserva un monarca influyente. Por otra parte, también convendría señalar que en España el cineasta no tiene únicamente amigos, y que, comprensiblemente, hace chirriar los dientes a más de uno. También podría ser contado entre los que, supuestamente, deben parte de su éxito a Francia, gran descubridora de talentos desde que se inventó el cine. En el diario *Libération* podemos leer estas palabras, firmadas por F. M., corresponsal de dicho periódico en Madrid: «España mantiene una extraña relación con Pedro Almodóvar: lo respeta, lo venera y, sin embargo… […] *Hable con ella*, aclamada por la crítica internacional, ha sido rechazada a este lado de los Pirineos, colocada por la crítica a nivel de los peores bodrios nacionales y con un vacío espectacular en las salas de cine. Resultado: en los premios Goya 2003 la película sólo ha sido premiada por… su banda sonora. Un sociólogo considera que algunos de los temas tratados en ese film (homosexualidad, necrofilia…) resultan chocantes en "una sociedad bastante tradicional con fuerte acento machista". Sus provocaciones y su originalidad no sólo le han valido amigos a Pedro Almodóvar. No es unánimemente reconocido como representante de lo español en Hollywood».[11] Así que nadie es profeta en su tierra. Para tomar un solo ejemplo: recordemos que Luis Buñuel pudo realizar *La edad de oro* gracias al apoyo de Marie-Laure y Charles de Noailles, y que rodó una gran parte de su obra en México. Sin embargo, la provocación surrealista inicial, concretamente la de *Un perro andaluz*, persiste en el cine colorido y disparatado de Pedro Almodóvar. Un cineasta a caballo entre dos continentes, entre dos reputaciones, lo que constituye quizás la marca de la genialidad, y que sólo logra la unanimidad cuando su fama ensalza el orgullo patrio.

Es cierto que tendemos a establecer un paralelismo con Fellini, considerado como un mito en su país, pero aún más apreciado en el extranjero. Tiene el mismo amor por la capital del país, que supo acogerlo en su corazón generoso, y a la que debe por ello un reconocimiento eterno, ya que lo inspira y lo transfigura. «En *Laberinto de pasiones*, me sumergí en las entrañas de un Madrid explosivo y cosmopolita. Lo convertí en el centro neurálgico del mundo, el lugar donde todo sucede, donde todo es posible. Burdeles y recogimiento en *Entre tinieblas* (de nuevo El Rastro y un convento de la calle Fuencarral junto a una sala de fiestas: el Molino Rojo). La desolación del barrio de la Concepción, el insondable acueducto de Las Vistillas y ese mar sin fin que es la M-30 en *¿Qué he hecho yo para merecer esto!* La Casa de Campo y un matadero de Legazpi en *Matador*. La noche de verano cargada de sudor, de baretos y antros en *La ley del deseo*. Un Madrid maquillado y coquetón, con planos de los teléfonos y de la Gran Vía como trasfondo (uno de mis paisajes favoritos) en *Mujeres al borde de un ataque de nervios*. *¡Átame!* también transcurre en ese Madrid destruido en continua reconstrucción. Siempre he encontrado en esta ciudad el paisaje perfecto con la fauna adecuada (insolente e ideal) para cada una de mis películas.»[12]

Poco a poco, sin embargo, Pedro Almodóvar, cineasta de fama mundial, parece haber abandonado todas las provocaciones *underground* y algo infantiles que habitaban muchas de sus películas, evolucionando de un modo cercano a John Waters, quien tras haber jugado durante años la carta de la provocación con su personaje Divine (en *Flamencos rosas*, 1972) y sus muchas desviaciones, se convirtió prácticamente en un cineasta académico hollywoodiano (por lo menos desde un punto de vista formal).

Rosario Flores, en el rodaje de *Hable con ella*. Hacer que una de las hermosas protagonistas fuese un torero era, quizás, la mejor manera de mostrar la ambigüedad, la gran feminidad, pero también la laceración que empuja a la mujer a ejercer un oficio de hombres.

Con Pedro Almodóvar pasa algo parecido: sus primeras películas trataban temas como el incesto, la homosexualidad, la droga, el sado, el travestismo, temas que abordaremos después. Pero estaban, sobre todo, repletas de provocaciones al estilo de la revista *Hara-Kiri*, no siempre de muy buen gusto, pero que sin duda durante algún tiempo lograron impresionar a los hijos de la burguesía y a los yuppies de los años ochenta, que vieron en él un surrealismo mal digerido. Pensamos en *Pepi, Luci, Bom y otras chicas del montón*, en la relación sádica, debidamente regada con la orina fresca de Bom sobre la cara de Luci e incitada por Pepi, quien así se vengaba de que el marido de Luci la hubiese violado. Entre paréntesis, señalar que la violación es un tema recurrente en la obra de este cineasta. También están las monjas heroinómanas y lesbianas de *Entre tinieblas*, al igual que la vigilante del final de *Laberinto de pasiones*, quien confiesa tener «ganas de cagar» y que, molestada continuamente por personas que están buscando a Riza Niro, acaba por desahogarse, con una imagen elocuente y de dudoso gusto. El *underground* y la movida explicaban quizás estas licencias, a menos que se debieran sólo a la juventud del cineasta en unas películas realizadas cuando contaba poco más de treinta años. Al final de la movida, la madurez o la fama quizás lo hayan calmado. Y pese a que Pedro Almodóvar sigue basando sus guiones en temas muy provocadores, también es cierto que el aspecto escatológico, muy de moda entonces, ha sido efectivamente eliminado, aunque pueda aparecer ocasionalmente y de forma mucho más tibia en el curso de una historia. En *Hable con ella*, que en comparación con sus primeras cintas podría constituir un modelo de clasicismo tanto por la forma como por el fondo, Pedro Almodóvar vuelve a sus antiguos amores. Recuerden si no el ejemplo de la secretaria del psicoanalista que habla por teléfono con una amiga y le explica que si ha tardado un poco es porque estaba cagando. ¿Qué puede aportar este tipo de vulgaridad en el guión, sino desmarcarlo de las comedias americanas de los años cuarenta y quizás también ridiculizar, aún más si cabe, la consulta del psiquiatra, su decorado burgués y su arrogante seguridad? Pero no hay que alarmarse: «El mal gusto jamás es gratuito para Pedro Almodóvar —afirma Paul Obadia—. Tiene por objeto resaltar algún rasgo que, por costumbre, se tiende a atenuar o bien a ocultar: también tiene por objeto la subversión, la burla. Ante todo persigue mostrar, señalar con el dedo todo aquello que nosotros sabemos que no debe hacerse en nuestra sociedad».[13]

Gore, fotonovela y Hollywood: subgéneros que marcan estilo

La obra de Pedro Almodóvar comporta, como es bien sabido, numerosas referencias cinematográficas. Estas citas, al igual que las canciones y las bandas sonoras de las que ya hemos hablado, constituyen algo así como préstamos, o incluso robos, tal como afirma él mismo. En este sentido, Pedro Almodóvar plantea una cuestión fundamental en el seno de toda obra de arte, la del vampirismo, ya que el artista arranca el alma de su modelo. Ocurre lo mismo en la fotografía: el modelo fotografiado ha sido robado, literalmente «se toma una foto de él», tal como se dice en lenguaje coloquial. Para Pedro Almodóvar, que lo reconoce explícitamente, no hay nada tan difícil de filmar como una escena de amor entre dos personas, ya que hay que robar furtivamente este momento de intimidad. «No hay demasiados sitios para la cámara frente a dos cuerpos en una cama, no hay muchos lugares interesantes».[14] Éste es, quizás, el motivo por el que en *Carne trémula* opta por filmar en primer lugar el culo de Víctor, otorgándole mediante la iluminación y el ángulo de enfoque un aspecto más bien redondo y femenino, para después superponer estos planos a los de Elena, de forma que no se pueda distinguir lo masculino de lo femenino, quedando perfectamente ilustrada

Antonio Banderas y María Barranco en la cocina de *Mujeres al borde de un ataque de nervios*. «El único problema —constata Pedro Almodóvar— que persiste en este paraíso terrenal, es que los hombres siguen abandonando a las mujeres.»

la unión entre contrarios. «Quería que Elena se apoyara sobre las piernas de Víctor como si se tratara de un cojín, y que el sol se levantara por encima de estas piernas como en un paisaje. Coloqué a los actores en esta posición, y cuando vi esos dos culos reunidos boca abajo, fue una revelación. El resultado era muy impresionante, realmente como una forma de corazón o como un solo culo. Sobre todo, ya no se veían diferencias entre lo femenino y lo masculino».[15] Este ejemplo, entre otros, podría servir para ilustrar el oficio del cineasta consistente en robar en cierto modo la vida y escenificarla como si fuera materia viva —de forma todavía más violenta que la literatura— sobre la película y convertirla en una obra de arte. Basta con fijarse en cómo los grandes realizadores dirigen a los actores para darse cuenta del lado vampírico y mágico de este oficio. Por ello no es de extrañar que los realizadores roben pedazos de vida pertenecientes a obras ya existentes, por fetichismo, por asimilación o por voluntad de citación cinéfila. Y no sabremos nunca hasta qué punto, aunque ellos mismos lo hayan explicado muy a menudo. Pensamos, evidentemente, en Woody Allen, que se inspira directamente en las películas de sus autores favoritos. Pedro Almodóvar cita fragmentos completos de películas, preferentemente hollywoodienses. Dado que persigue un género ideal entre el melodrama y el realismo, Pedro Almodóvar también se abastece en este pequeño almacén del cine mundial en el que encuentra auténticas maravillas. Por ejemplo —y sin necesidad de citarlo, ni tan siquiera de mostrar un extracto—, se puede afirmar que *Entre tinieblas* constituye un bonito homenaje, con distancia y parodia, a la película inglesa *Black Narcissus* (1947), dirigida por Michael Powell y Emeric Pressburger e interpretada por Deborah Kerr.

En efecto, esta película, que el público no se ha tomado realmente en serio y que ha cimentado la reputación de Pedro Almodóvar en una especie de equívoco, está basada en el típico melodrama que, aunque hoy nos haga sonreír, es considerado por su autor como el *summum* del drama: «Con *Entre tinieblas*, abro mi corazón y empiezo a abordar con menos pudor los dolorosos caminos de la pasión. Recurro al bolero (expresión prosística inmediata de lo que quiero contar) y me desplazo, cámara en mano, al corazón mismo del universo en el que viven los actores principales. Me acerco al melodrama, uno de mis géneros favoritos, y al musical *kitsch,* que ha estado siempre muy presente en mis películas».[16]

Por otro lado, ya hemos hablado de su admiración por Hitchcock y de su deseo de inspirarse tanto por sus decorados y sus transparencias como por sus *flashbacks* acrobáticos que sirven para explicar sin complejos el origen de las neurosis de los personajes, como en *Marnie la ladrona* o en *Psicosis*, para citar tan sólo dos de sus películas. Encontramos esta influencia, por ejemplo, en *Laberinto de pasiones*, en concreto en las secuencias sobre la infancia de Sexilia, que también nos recuerdan en cierta medida al ambiente turbio de *De repente el último verano* (Joseph L. Mankiewicz, 1959). La referencia cinematográfica es sempiterna, no nos cansaremos de repetirlo, hasta en los titulares de las noticias que aparecen el libro de Almodóvar *Patty Diphusa y otros textos*: «Scarlett O´Hara: una verdadera mujer de La Mancha. [...] Y nadie puede casarse con un símbolo, ni siquiera Clark Gable».[17] Por otra parte, ya hemos hablado anteriormente de la cita de *Matador* referenciando una película de King Vidor, *Duelo al sol*, como prolepsis al trágico final de los dos amantes de la película. Prácticamente cada película nos propone una cita, que no tiene nada que ver con la imitación o el énfasis de un cinéfilo avezado y algo coleccionista. No, la apropiación es un recordatorio de los géneros con los que Pedro Almodóvar sueña —sin conseguirlo realmente— experimentar. Así, los dos protagonistas de *Mujeres al borde de un ataque de nervios*, Pepa e Iván, doblan las voces en el estudio de los personajes de *Johnny Guitar* (1954), de Nicholas Ray, como una forma de demostrar la imposibilidad del diálogo amoroso. En *Carne trémula*, se sirve efectivamente de un pasaje de *La vida criminal de Archibaldo de la Cruz* (1955), de Luis Buñuel, para iluminar la dramaturgia de la película e ilustrar la temática de la culpabilidad. Ambas películas, como si se tratara de un homenaje al maestro español, se responden realmente. «Porque, efectivamente, en la película de Buñuel se trata también de culpabilidad —explica Pedro Almodóvar—, ya que Archibaldo se autoinculpa de asesinatos que, en realidad, son fruto de la casualidad, lo que resulta muy divertido, Buñuel se burla de la culpabilidad y de la muerte. Es una característica de la cultura española: burlarse de las cosas que nos dan miedo.»[18] Pero la cita cinematográfica va todavía más lejos, siendo necesario leer el libro de Paul Obadia sobre el tema, que propone una lectura completa de todas estas alusiones al cine que Pedro Almodóvar tanto ama. Este libro nos aporta un análisis muy interesante sobre el pasaje que hace referencia a la película de Buñuel, en el que es-

Marisa Paredes en *La flor de mi secreto*. El amor no se comparte nunca al mismo momento, lo que sin duda demuestra que la relación amorosa es a la vez lucha y compasión.

tablece de forma evidente la interrelación entre la película que se ve en la pantalla de televisión y la película de Pedro Almodóvar. Una ingerencia de la ficción en la ficción que sitúa al personaje almodovariano en una especie de exceso. «De forma más profunda, y también más duradera, el personaje ha integrado el exceso (el mundo, el fuego...) y lo ha asimilado como un componente infranqueable de su identidad. Este elemento no lo protege contra las turbulencias. Sencillamente, lo compromete, de buen o mal grado, a acomodarse a ellas.»[19] En esta obra, el autor se dedica, por otra parte, a demostrar la utilidad de los géneros visitados por Pedro Almodóvar, como para recordar sus orígenes, con el fin de recrear el mundo y la vida. Es preciso consultarla si se desea tener un análisis exhaustivo de todas las citas. A título de ejemplo, le proponemos la siguiente: «Es Ángel, el enamorado de Leo *(La flor de mi secreto),* quien para intentar que ésta entienda la naturaleza de sus sentimientos, evoca de forma alterna *El apartamento* (Billy Wilder, 1960), *Casablanca* (Michael Curtiz, 1943) y *Ricas y famosas* (George Cukor, 1981).

Es Rebeca (*Tacones lejanos*), que recurre a *Sonata de otoño* (Bergman, 1978) para presentar a su madre un determinado modelo de desencuentro madre-hija con el que identifica su relación ("He pasado toda mi vida imitándote")».[20] Y, sin embargo, pese a todas estas referencias explícitas, estamos muy lejos del estilo instaurado por Woody Allen cuando interpreta a un cinéfilo empedernido. En efecto, Pedro Almodóvar llega todavía más lejos. Es un cinéfilo, cierto, lo hemos dicho infinidad de veces, pero su cinefilia queda también inscrita en sus guiones, no únicamente como cita, sino como elemento suplementario de la diégesis. La referencia a Brian de Palma resulta evidente, por ejemplo, en *¿Qué he hecho yo para merecer esto!*, cuando la niña se pone a limpiar y a ordenar la cocina de Gloria con la única ayuda de sus poderes mágicos, como si fuera un Harry Potter *avant la page*. Igualmente, en *Mujeres al borde de un ataque de nervios* pensamos en Hitchcock cuando Pepa se sienta enfrente de un edificio en el que se ve, como en *La ventana indiscreta*, a la gente que vive en su interior. La vuelta a la vida de Leo, poco después de su tentativa de suicidio en *La flor de mi secreto*, sin duda nos recuerda el plano de *Te querré siempre*, de Roberto Rossellini (1954), en la que se ve cómo una procesión separa a Ingrid Bergman y a George Sanders.

Y, evidentemente, en *Todo sobre mi madre*, pensamos en la película *Eva al desnudo* (*All about Eve*), de Joseph L. Mankiewicz (1950), a la que el título de la película alude directamente. Esteban se queja explícitamente a su madre de que se permita que los títulos de las películas no sean traducidos de forma correcta. ¿Cómo no reencontrarnos aquí como el joven al que ya conocimos en el personaje de Toni (en *¿Qué he hecho yo para merecer esto!*), y que propone escribir la carta de pésame que su abuela quiere enviar a una amiga con la letra de Grace Kelly? Ese joven Pedro Almodóvar que también adora a Truman Capote y cuyo sueño era que lo leyera también su propia madre. Sueño para el que ha encontrado una especie de subterfugio: «Uno de los textos que quería que ella leyera era el prefacio de *Música para camaleones*, de Capote, y he puesto este texto en *Todo sobre mi madre*, donde Manuela se lo lee a Esteban».[21]

Todas estas referencias, si bien no son exhaustivas, intentan demostrar la voluntad de un Pedro Almodóvar perfectamente consciente de que no basta con adorar el cine, sino que también hay que perpetuarlo. Creo que estas citas sirven para mantener la tradición del cine mundial y, muy concretamente,

Pedro rodeado de sus actrices y de Miguel Bosé durante el rodaje de *Tacones lejanos*. De izquierda a derecha:
Marisa Paredes, Victoria Abril, Miguel Bosé, Bibí Andersen y Miriam Díaz Aroca.

la del cine hollywoodiano que nos ha alimentado. Como realmente no ha adaptado ninguna obra literaria, a excepción de *Carne trémula*, basada en una novela de Ruth Rendell *Live Flesh*, podría afirmarse que Pedro Almodóvar rinde homenaje al cine adaptándolo. Ya lo hemos dicho: el neorrealismo está presente en *¿Qué he hecho yo para merecer esto!*; Cocteau (y Rossellini) con *La voz humana* está presente en *La ley del deseo* y en *Mujeres al borde de un ataque de nervios*; Cassavettes, con *Opening Night* (1978), está presente en *Todo sobre mi madre*, al igual que Elia Kazan con *Un tranvía llamado Deseo* (1951). Por cierto, Esteban es atropellado al intentar obtener un autógrafo de la actriz que protagoniza esta obra de Tennessee Williams, en el momento en que su madre acaba de confesarle que había interpretado esta obra muchos años atrás en el teatro junto a su padre. A este respecto, ya no se trata de citas literarias o cinematográficas, sino de génesis real, como si la obra se enriqueciera al contacto con otras creaciones. Pedro Almodóvar lo explica perfectamente: «En *Opening Night*, la escena está filmada a la altura de los ojos, lo que resulta muy desconcertante, porque no se ve casi nada, prácticamente sólo espaldas, mientras se oye un tumulto [...] Evidentemente, está la lluvia, la noche y hay alguien que muere tras pedir un autógrafo. Lo que es mucho. Pero en mi película, se trata primero de una madre y de su hijo que esperan la salida de los artistas y que, en esta especie de vacío de la espera, intercambian de repente las palabras más importantes de sus vidas».[22]

Del mismo modo que los que viven por y para el cine, y que constatan que la vida de sus iconos es más profunda que la suya, Pedro Almodóvar utiliza las imágenes y las situaciones de sus películas preferidas para dar vida a las suyas, como si estas últimas no se inspirasen en la vida real, sino en la vida fantasmagórica y fantástica del cine mundial. Lo confiesa él mismo cuando, por ejemplo, declara a propósito de la película *Tacones lejanos*: «Hace referencia a las que filmó Lana Turner o Joan Crawford, pero también a sus vidas, a las relaciones de Lana Turner con su hija, que mató al amante de ésta, y a la relación tormentosa de Joan Crawford con su hija Christina».[23] Podría señalarse en este particular que el cine de Woody Allen funciona en ocasiones del mismo modo, puesto que *September* (1987) se inspira en el suceso que acaba de describir Pedro Almodóvar acerca de la hija de Lana Turner, quien mató al amante de su madre. Sin pretender multiplicar los ejemplos hasta el infinito, es preciso subrayar que Pedro Almodóvar también siente fascinación por las historias fantásticas (ciertas o inventadas) del cine, y que, cuando las recupera, las magnifica. También para desmarcarse de la televisión, que ha matado al género melodramático. En efecto, según él: «El género al que más ha perjudicado la televisión, es el melodrama, que se ha visto completamente deformado por los culebrones más estúpidos».[24]

El cine nos ayuda a soñar, pero también a entender el mundo. Por ejemplo, en *Kika*, Ramón está viendo *El merodeador,* de Joseph Losey (1951), en la tele, y así entiende que es Nicholas quien ha matado a su madre, disfrazando su muerte como un suicidio. Cuando descubre en la casa familiar a

Foto de plató en el rodaje de *¡Átame!,* en una escena del rodaje de la película de horror en la que interviene Marina (Victoria Abril) bajo la dirección de un realizador en silla de ruedas.

la segunda víctima de Nicholas, la encuentra muerta en una bañera que recuerda a *Psicosis*, de Alfred Hitchcock. El poder de estas imágenes es inmenso. Nombraremos unas cuantas más para mostrar cómo el cine de Pedro Almodóvar explota sin duda el impacto que éstas pueden tener sobre nosotros.

Así, cuando Agrado, en *Todo sobre mi madre*, entra en el piso vacío al que acaba de trasladarse Manuela en Barcelona, exclama: «Una se creería en ¡*Cómo casarse con un millonario!*», película que constituye el referente supremo del *glamour* para un transexual.

En esta misma película, Huma Rojo hace una confesión a Manuela en el taxi: fuma como un carretero a causa de Bette Davis. Por lo tanto, ¡el cine no es siempre un buen ejemplo!

En *La flor de mi secreto*, Leo se pone tristísima cuando ve entre los manifestantes el anuncio de los sanitarios Roca que le servía para expresar su amor a su marido sin que los demás la entendieran; y cuando Ángel, borracho, se cae tras bailar, le cuenta un pasaje de *Casablanca* (Michael Curtiz, 1943) en el que Ingrid Bergman le dice a Humphrey Bogart que se habían visto en París. Ángel le recuerda que el día en que la encontró entre la muchedumbre de manifestantes, Leo también iba vestida de azul, como Ingrid Bergman.

Finalmente, en *¡Átame!*, cuando Ricki sale a comprar droga para Marina, la ata sobre la cama del piso vecino y le abre la persiana para que vea el cielo y las estrellas por encima de su cabeza, como Bette Davis en *La extraña pasajera* (Irving Rapper, 1942). Pero, en cuanto se ha ido, ¡Marina coge el mando a distancia y prefiere ver *La noche de los muertos vivientes* (George A. Romero, 1968) por la tele!

Sin embargo, para hablarnos del cine que ama por encima de todo, Pedro Almodóvar nos entrega de forma totalmente casual una atrevida metáfora que resulta interesante analizar. En efecto, hablando del cine de los orígenes para compararlo con su película *Carne trémula*, declara que la parálisis podría representar el nacimiento del cine. De ahí a confesar una especie de impotencia ante la vitalidad de los que le han precedido, tan sólo hay un paso que apetecería franquear. «La técnica de los jugadores de baloncesto minusválidos era también una práctica que me concernía de forma muy personal, muy grata. Era como experimentar de forma íntima la sensación del cine de los orígenes, ya que supongo que el primer *travelling* fue realizado

En *Carne trémula*, todos los personajes se empeñan en ser los mejores o, en todo caso, algo mejores, un poco como el propio Pedro, convertido en un cineasta que acapara galardones.

con una silla de ruedas. Las ruedas de estas sillas evocan para mí el movimiento del cine. No hay nada tan genuinamente cinematográfico como esta dinámica.»[25] Una extraña confidencia que alude, a la vez, a la etimología de la palabra cinematógrafo, es decir, a la acción de plasmar el movimiento, al tiempo que expresa también su lado pasivo, inmóvil. Lo que no resulta al fin y al cabo tan extraño, dado que el cine se basa en la relación entre movilidad e inmovilidad, persistencia retiniana y magia de la ficción. Ilusión por el movimiento, por la vida y por el amor por excelencia; no resulta, pues, sorprendente que el realizador obseso sexual de *¡Átame!* esté también en una silla de ruedas y se dedique a rodar una película de horror que, al final, se parece a una película de amor, «como suele ocurrir a menudo», precisa.

Carmen Maura en *¿Qué he hecho yo para merecer esto!,* un personaje inspirado en Giulietta Masina y en el cine neorrealista italiano, asiste pasiva a las relaciones sexuales de su vecina prostituta.

Sea como fuere, con melodrama o sin él, Pedro Almodóvar se muestra agradecido: le encanta rendir homenaje a todo lo que él ama —para empezar, a su madre, a la que hizo participar en sus películas, al igual que a su hermano Agustín—, pero también al espectáculo musical, al transformismo o a la danza, concretamente con las citas a Pina Bausch y al Tanztheater Wuppertal, como al inicio y al final de *Hable con ella.* Pero sus gustos también pueden resultar algo dudosos: le encanta, por ejemplo, el gore, la fotonovela, el *kitsch* y la prensa del corazón, de los que se burla pero que también explota a lo largo de sus películas.

Ésta es la razón por la que en la película *Laberinto de pasiones,* el hijo de un tirano de Oriente Próximo, que podría ser el sha de Irán, viene de incógnito a Madrid, seguido de cerca por una estrella de la prensa de aquella época, Toraya (nombre bajo el que se puede reconocer con facilidad a la princesa Soraya).

En ciertas escenas no se sabe muy bien si rinde homenaje al género gore o si lo ridiculiza, como, por ejemplo, en *Laberinto de pasiones*, donde vemos a Fanny McNamara con el torso perforado, torturada por un taladro eléctrico. Además, por encima de todo, a Pedro Almodóvar le gusta la pornografía. La utiliza para todo, incluso donde se supone que no debería estar: en la película *Entre tinieblas*, la Hermana Maltratada cultiva su jardín y escribe novelas pornográficas con el pseudónimo de Concha Torres, sin que sepamos realmente si se trata de una ingenua provocación o de un osado sacrilegio por parte de Pedro Almodóvar. Así pues, la pornografía está presente a lo largo de toda su obra, ya sea mediante el concurso de la mejor erección, que presenta él mismo, divertido, con bigote y aire encantado, en *Pepi, Luci, Bom y otras chicas del montón*, o en el rodaje de una película de horror con una ex estrella del cine porno en *¡Átame!*, o incluso en

Carmen Maura (en *Mujeres al borde de un ataque de nervios*) y el gazpacho mágico que duerme a las mujeres hermosas como en los cuentos de hadas.

la violación interminable de Kika en la película del mismo nombre. Sin que sepamos tampoco muy bien cuánto hay de fascinación por este tipo de sexualidad puesta en escena y cuánto de repugnancia por el uso que la sociedad hace de ella. Ocurre lo mismo con su desprecio por la televisión, que se hace patente de dos maneras distintas: contra los *reality* de la telebasura, cuando aparece como profeta en *Kika*, y contra el informativo que recoge falsas noticias en *Tacones lejanos*. Tampoco hay que olvidar los falsos anuncios, de los que se ha convertido en especialista, como lo hizo en su día Federico Fellini en *La voz de la luna* (1990). Pensamos en el anuncio de televisión que presenta a una joven quemada por un café hirviendo en *¿Qué he hecho yo para merecer esto!* o también en el anuncio del detergente *Ecce Omo*, en el que la Pepa de *Mujeres al borde de un ataque de nervios* interpreta a un ama de casa encantada por utilizar este producto para lavar la ropa de su hijo asesino en serie. Con el punto de mira en el ama de casa de más de cuarenta años, la publicidad está muy presente en el arte de Pedro Almodóvar, del que Carlos Saura habría afirmado, sin duda a modo de salida de tono, que era el más grande de los publicistas españoles. La publicidad, en efecto, aparece parodiada en sus películas, aunque tampoco le hace ascos cuando se trata de promocionar sus producciones: «Cuando preparo la promoción de mis películas, procuro que la publicidad forme parte de la película, que se convierta en una creación artística».[26]

El amor bajo todas sus formas, para lo mejor y para lo peor

¿El amor resulta perjudicial?

Más allá de las influencias y de las citas, el tema fundamental que encontramos en todas las películas de Pedro Almodóvar es, sin duda, el amor. En este sentido, podríamos plantear la pregunta que sugiere la película *La sirena del Mississippi*, de François Truffaut (1969), es decir: ¿el amor hace daño?, pese a que sabemos perfectamente cuál es la respuesta y que tampoco esperamos que Pedro Almodóvar nos dé otra distinta. El amor hace daño, hiere, provoca la muerte y nadie puede afirmar lo contrario ni ayudarnos en los momentos difíciles. Las mujeres de Pedro Almodóvar saben bien lo que esto supone, su vida no es sino una lucha sempiterna para encontrar el amor o, por lo menos, para conservarlo. A propósito de *Mujeres al borde de un ataque de nervios*, Pedro Almodóvar confesaba que el objetivo de su película era, en cierto modo, mostrar una ciudad ideal, en la que todo va bien, en la que todo el mundo es amable. «El único problema que persiste en este paraíso terrestre —dice Pedro— es que los hombres siguen abandonando a las mujeres.»[27] Las mujeres, en suma, no son nunca suficientemente queridas, y lo cierto es que parecen sufrir más que los hombres, por lo menos en las películas de Pedro Almodóvar, lo que ha fomentado durante mucho tiempo su reputación como mejor director de actrices.

Pregunta: ¿Te has especializado en la dirección de mujeres?, quiero decir, cinematográficamente hablando. Es una de las cualidades que la gente te reconoce.

Respuesta: Entre ellas y yo existe un sentimiento extraño de reciprocidad. Despierto en ellas sentimientos maternos, y esto es recíproco. Éste es el motivo por el que nos llevamos tan bien en el plató.[28]

Quizás porque conoce como nadie el sufrimiento de las mujeres, un poco como Jean Cocteau (*Mujeres al borde de un ataque de nervios* quería ser en un principio una adaptación del monólogo *La voz humana* de este escritor, ya llevada al cine por Roberto Rossellini con Anna Magnani, en *L´amore,* 1948).

En la versión de Pedro Almodóvar, no queda más que el teléfono y la angustiosa espera de la llamada de un hombre indiferente. Retomando la pregunta freudiana: entonces, ¿qué podemos esperar? De esta vida, del amor, nada o casi nada. Además de esperar, morir, partir quizás hacia otros cielos como Riza y Sexilia al final de *Laberinto de pasiones*, en ese avión que les va a permitir experimentar por fin su primer orgasmo. ¿Y la ayuda del psicoanalista? No hay que contar demasiado con ella. Pedro Almodóvar no parece concederle demasiado crédito, al igual que a la ciencia en conjunto. En esta misma película, basta con constatar la actitud del padre biólogo y de la psicoanalista, verdadero personaje de comedia de lo más colorido, que no se parece en absoluto a la imagen más convencional. Siendo ella misma una neurótica, como la mayoría de los personajes almodovarianos, la psicoanalista constituye por sí sola una parodia del psicoanálisis. Su paciente, Sexilia, es ninfómana, y ella intenta curarla proponiéndole soluciones aberrantes, siempre delirantes.

Al respecto, el cineasta nos explica: «La utilización del psicoanálisis y de la psicoanalista es estrictamente paródica. Quería hacer algo (que, por cierto, todavía no me he atrevido a realizar): una parodia de todas esas películas —incluidas algunas de Hitchcock que me gustan mucho— en las que los traumas de los

Pedro Almodóvar dirige a Victoria Abril en *¡Átame!,* la película que consagró internacionalmante al cineasta.

A la izquierda, Pedro Almodóvar travestido, divirtiéndose cantando en un grupo de rock con el actor Fanny McNamara, tal como lo hacía de forma bastante habitual en aquellos años locos de la movida.

personajes se explican mediante un *flashback* muy elaborado sobre la infancia que aclara lo que no puede ser explicado.»[29]

El psicoanalista de *Hable con ella* es, al mismo tiempo, el analista de Benigno y el padre de la joven Alicia, de la que Benigno está enamorado, esté o no en coma. Pedro Almodóvar nos proporciona aquí también un análisis de lo más interesante, porque desemboca en el ingenioso relato de Benigno sobre la vida con su madre, una mujer autoritaria y enferma de los nervios, incapaz de actuar, y a la que Benigno se veía incluso obligado a lavar, sin que ese relato preocupe aparentemente al psicoanalista. Esta descripción bastante recurrente en sus películas «procede —explica el cineasta—, de una observación de las madres españolas, que a menudo suelen ser mujeres frustradas, amargadas porque su marido las ha dejado o porque no está a la altura, y que desarrollan hacia sus hijos una actitud cruel».[30]

La sesión se termina, por cierto, con un robo fetichista típico: Benigno roba furtivamente una pinza para pelo de Alicia que se encuentra en una de las estanterías de su habitación. Sólo más tarde, cuando su hija está en coma, el padre de Alicia se inquieta por la actitud de Benigno y empieza a hacerle preguntas sobre su sexualidad, cuando ha sido él mismo quien lo ha elegido como enfermero para ocuparse de ella. Benigno lo tranquiliza dejándole entrever que es homosexual, como si esta orientación sexual pudiese tranquilizar al padre en cuanto a sus intenciones respecto a Alicia o respecto a lo que queda de ella. A través de estas alusiones al psicoanálisis, podríamos deducir que Pedro Almodóvar le tiene muy poca estima. Pero la cosa llega más lejos todavía, pues el psicoanálisis no es sino la prueba por reducción a lo absurdo de la incapacidad de los seres humanos para entenderse entre sí.

La razón por la que el psicoanálisis, la droga y la sexualidad desenfrenada no pueden cambiar nada de nuestras vidas es porque el amor hace daño, y todas las películas de Pedro Almodóvar cuentan historias de deseo o de amor frustrado o desdichado. En *Laberinto de pasiones*, no debemos olvidar que Pedro Almodóvar se ha atrevido a poner en escena a un padre que ata a su hija y le hace el amor, creyendo que se trata de su mujer. En la misma película, el padre de Sexilia, por el contrario, está desencantado del amor; éste es el motivo por el que se interesa por la inseminación artificial. Marina, en *¡Átame!*, juega en la bañera con el pequeño hombre rana mecánico que le provoca placer, casi en el mismo momento en que Ricki se le va a aparecer en cierto modo, dedicándole una frase que resume muy bien la situación de profunda desazón de los personajes almodovarianos: «Tengo veintitrés años, cinco mil pesetas y estoy solo en el mundo». Quizás a excepción de *¡Átame!*, en la que el apuesto Ricki podrá ventajosamente sustituir este juguete de plástico, cada película constituye una auténtica constatación del fracaso amoroso, como si Pedro Almodóvar hiciera suya esta afirmación de Roland Barthes: «Me duele el otro»,[31] ya sea porque el otro sufre, ya sea porque me hace sufrir a mí, este amor no se experimenta nunca en el mismo momento, lo que demuestra que la relación amorosa es a la vez lucha y compasión. Nos pasamos la vida esperando el encuentro que nos llenará, lo sabemos muy bien desde Platón, pero Pedro Almodóvar es, sin duda, el cineasta que ha llevado este dilema y esta herida hasta el paroxismo, hasta imaginar personajes que cambian de sexo o que se acuestan con su padre, con un doble o con una muerta. «Nos acostamos siempre con muertos», cantaba Léo Ferré, no con voluntad de provocación, sino porque sabía que el amor está fatídicamente ligado a la muerte, con o sin transmigración de las ánimas. Es como si los

Esta escena de *¿Qué he hecho yo para merecer esto!* reúne, de izquierda a derecha, a Verónica Forqué, Carmen Maura (Gloria) y Chus Lampreave, que interpreta el papel de la abuela.

personajes de Pedro Almodóvar, a falta de poder entrar en contacto con el otro, intentaran en ocasiones convertirse en el otro sobrepasando sus propios límites, cambiándose de sexo o transformándose en el otro. Paul Obadia cita a Alejandro Yarga que, hablando de la madre superiora de *Entre tinieblas*, constata: «La madre superiora —al igual que Jean Genet o que Jesucristo— se transforma sucesivamente en las hijas que quiere redimir, en las hijas que quiere [...]. El tema central de esta película, por consiguiente, es la capacidad de transformarse en el otro».[32]

Pues sí, el amor —o por lo menos el deseo, ya que a menudo son confundidos— hace daño porque no nos hace felices, porque jamás se dijo que podría darnos la felicidad. Basta con volver a leer a todos los grandes escritores y con volver a ver todas las grandes películas, en particular las de Douglas Sirk, el rey del melodrama americano, el maestro de Pedro Almodóvar, para impregnarse a fondo de esta verdad.

«Una dulce canción que me cantaba mi madre»

También cabría preguntarse si el marcado interés de Pedro Almodóvar por las canciones y la música en general no es algo que le viene de muy lejos, es decir, del mundo de la infancia perdida para siempre, verde paraíso de los amores infantiles y, en primer lugar, del amor por la madre, por la mamá. No sabemos del todo cuál es la relación de Pedro Almodóvar con la imagen de su madre y de la madre en general. Adorada o detestada, no sabemos gran cosa sobre ella, a excepción de lo que éste accede a enseñarnos con su cine. Volveremos a hablar de la «mala madre», que aparece en varias de sus películas, pero se trata a menudo de la madre de otra mujer: pensemos en la madre de *Tacones lejanos* o en la que martiriza a su hijita bruja en *¿Qué he hecho yo para merecer esto!*; pero ¿qué ocurre exactamente con la madre que cría a sus hijos? Pensamos entonces en la «buena madre» y nos acordamos de Gloria, Carmen Maura, la madre mártir de *¿Qué he hecho yo para merecer esto!*, que cría a Toni y a Lucas, y cuya dureza no es, en realidad, sino pura fachada debida a su propio sufrimiento. Inspirada en el neorrealismo italiano, esta película nos ofrece un espejo nada reluciente de la maternidad y traza un retrato de familia que no tiene gran cosa que envidiar a *Brutos, sucios y malos* (1976) o a *Una jornada particular* (1977)de Ettore Scola. El propio Pedro Almodóvar lo reconoce: ha dirigido a Carmen Maura a la manera de Sophia Loren y de Anna Magnani aportando, además, un toque de humor típicamente español, por no decir almodovariano que, curiosamente, acaba haciendo que el retrato resulte patético. Esta madre acepta, por ejemplo, ceder su hijo menor al dentista pedófilo, ya que así tendrá una boca menos que alimentar, como en las novelas populares inglesas del siglo XIX. Pero al final, conmocionada por la marcha de su hijo mayor hacia el pueblo, decide tirarse por la ventana, y es precisamente el regreso de su hijo menor, que se aburría con el dentista, lo que la salva. Parece ser que Carmen Maura tras ver la película le dijo a Pedro: «¡Dios mío, qué crueldad! ¿Cómo se puede reír la gente de un personaje tan desgraciado? Esta mujer se convierte en una doble víctima, porque tiene una vida difícil y porque provoca la risa en el espectador».[33] El cineasta nos tranquilizó en cierto modo al afirmar: «Esta mezcla de humor y de drama resulta muy española, la he mostrado también en *Tacones lejanos*».[34]

Quizás constituye una prueba de pudor no querer compadecerse ante lo que es el mayor dolor del mundo, esta imagen de la *mater dolorosa* para el catolicismo, sobre todo en tierra ibérica, que éste ha difundido para provocar la compasión de los fieles y para santificar a la madre eterna, ya se trate de la Virgen madre de Jesús o de todas las demás madres, a las que se debe un respeto eterno. En este particular, reside otra de las paradojas de Pedro Almodóvar: no podía dejar de arremeter contra este símbolo, pero, finalmente, no se atreve a atacarlo tan directamente como a los demás iconos que se ha dedicado a destruir o a ridiculizar. Nos damos cuenta de ello cuando filma a su propia madre, tal como lo hizo Pier Paolo Pasolini en *El Evangelio según san Mateo*. Habida cuenta del gran número de actrices que hubieran podido interpretar el papel de la madre si estos cineastas se lo hubieran pedido, sin duda hay una razón muy concreta para que hayan querido que sean sus propias madres las que aparezcan en sus películas. Francisca Caballero, la madre de Pedro Almodóvar, aparece en *¿Qué he hecho yo para merecer esto!*, *Mujeres al borde de un ataque de nervios*, *¡Átame!* y *Kika*, en total cuatro películas. En la última de ellas, *Kika*, interpreta maravillosamente el papel de una campesina que presenta un programa literario en la televisión. Fue un verdadero placer para Pedro Almodóvar dirigirla en una escena en la que ella parece interpretarse a sí misma, entre el naturalismo y la sátira, y cuyo resultado es una cierta forma de pudor y de ternura. En cierta forma similar, Pedro ha hecho que su querido hermano Agustín actúe en todas sus películas, siendo Agustín un productor que jamás ha tenido intención alguna de convertirse en actor; incluso el mismo Pedro, en ocasiones escasas pero sonadas, también ha tenido sus propias apariciones en la pantalla: con Fanny McNamara en *Laberinto de pasiones* e incluso en el culebrón de *¿Qué he hecho yo para merecer esto!* Ésta parece ser una manera muy propia de Pedro Almodóvar de rendir homenaje a los suyos y a los lazos que los unen. Es preciso remitirnos a los recuerdos que confió Pedro Almodóvar a *Libération* cuando se le preguntó, en mayo de 2002, cuáles habían sido las fechas clave de su vida. Respecto a la fecha 10 de septiembre, pronuncia estas sencillas palabras: «Mi madre

Personajes prisioneros de sus vidas, de sus costumbres, de su pasión, éste es precisamente el caso de Marina (Victoria Abril) en *¡Átame!:* secuestrada y finalmente consentidora de su carcelero (Antonio Banderas), locamente enamorado de ella.

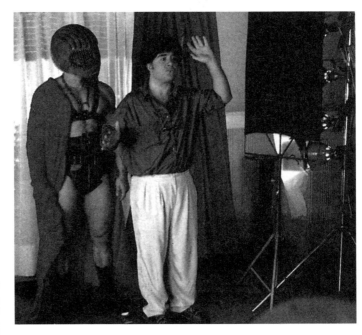

Pedro Almodóvar
dirigiendo una escena,
cual minucioso director
de orquesta.

muere».[35] Su madre, a la que hemos visto cantar y bailar en una escena de *¡Átame!*, cogiendo de la mano a su nieta cinematográfica, como si, al igual que otras veces, la vida y la ficción quedaran atrapadas en una misma realidad. Ésa es la virtud de la danza, ese arte que salva y ayuda a vivir en *Hable con ella*, pero que también une los cuerpos y las almas, y cuyo más bello ejemplo, el que debe inspirar a Pedro Almodóvar en razón de su gran fuerza simbólica, es el flamenco fogoso y apasionado que la madre, en rojo, y su hijo, en negro, ofrecen a los espectadores en *La flor de mi secreto*.

En 1999, nos entregó su película más misteriosa: *Todo sobre mi madre*, que en realidad no dice nada sobre ella, pero sí mucho de un padre ausente convertido en travesti. Sin duda aquí también es una cuestión de pudor. «La madre en cuestión —escribe Frédéric Strauss—, es Manuela, a la que Pedro Almodóvar describe de este modo en el guión: "Entre treinta y cinco y cuarenta años, rubia, con encanto, con la seguridad de quien ha triunfado sola en la vida, con un suave acento argentino y una sonrisa fácil pero triste". Este personaje brinda a Pedro Almodóvar la oportunidad de reencontrarse con Cecilia Roth, quien debutó, en los años locos de la movida, como ninfómana en *Laberinto de pasiones*.»[36]

Antonio Banderas y Victoria Abril en *¡Átame!* Un hermoso retrato asimétrico que evoca la imposibilidad y la reciprocidad del amor entre dos seres humanos.

Nada sabremos, pues, sobre la verdadera madre de Pedro Almodóvar, a excepción de lo que él mismo ha querido contarnos a lo largo de la entrevista con Frédéric Strauss, su confidente más reconocido en Francia: «Es actriz sin saberlo. [...] Tiene algo maravilloso: una gran espontaneidad y ningún respeto hacia la cámara, interpretar no le parece un trabajo serio; ésta es la razón por la que lo hace tan bien. [...] No siente la necesidad de ver mis películas, pasa de ellas. De hecho, ¡creo que rueda conmigo por dinero! Me pregunta siempre cuánto le voy a pagar y, en cuanto termina su escena, quiere cobrar su caché».[37] Cuánta ternura bajo la ironía, demasiado ostentosa como para no parecer sospechosa. Pedro Almodóvar es muy poco dado a contar anécdotas sobre su familia, y sus confidencias al respecto son tan escasas que hay que saber utilizarlas para poder analizarlas. De este modo, podemos interpretar lo que escribe sobre su padre, muerto de cáncer en los años ochenta y que quiso ir a morir a su casa natal de La Mancha. «Es increíble cómo la muerte esperó a que volviera a la casa donde empezó su vida para llevárselo.»[38] En este caso, bajo un aspecto anecdótico trasluce una gran sensibilidad que coloca de entrada a Pedro Almodóvar entre los creadores más capacitados para desentrañar el alma humana.

La música, elegida por él con sumo cuidado, representaría su apego a la familia, a España. Del mismo modo, las canciones tristes que selecciona y manda adaptar serían, en realidad, la confesión de su gran sensibilidad, escondida bajo toneladas de provocación, pese a que no tenga, a diferencia de Fellini o de Hitchcock, un creador de bandas sonoras en su equipo. Se convierte entonces en ladrón de música, como lo reconoce él mismo. Reviste sus películas con música de Nino Rota (*Laberinto de pasiones*), de Bernard Herrmann («Fragmentos de suite» para *Psicosis*, en *Kika*) y de Miles Davis (*Tacones lejanos*). Encargó también una creación original —que no acabó de gustarle— a Ryuichi Sakamoto (*Tacones lejanos*), así como a Ennio Morricone (*¡Átame!*). Pero, sobre todo, Pedro Almodóvar ha cosechado un gran éxito con versiones de antiguas canciones actualizadas con una nueva interpretación. Quizás éste sea el homenaje más patente a su madre y al gusto del pueblo, al que dice sentirse muy cercano por sus orígenes. No las citaremos todas, pero pensamos, sobre todo, en las interpretaciones de «Ne me quitte pas», por Maysa Matarazzo (en *La ley del deseo*); «Espérame en el cielo, corazón», por Mina (en *Matador*); «Cucurrucucú, paloma», por Caetano Veloso (en *Hable con ella*), y, claro está, «Piensa en mí» y «Un año de amor», por Luz Casal (en *Tacones lejanos*). Estas canciones populares son convertidas en verdaderos lamentos, aptos para ilustrar los melodramas que conforman su especialidad, tal como explica a Frédéric Strauss: «Elijo estas canciones con el corazón; se trata siempre de canciones que me gustan y que hablan de mis personajes, que se infiltran de forma natural en el universo de mis películas».[39]

«Una dulce canción que me cantaba mi madre», como si la canción pudiese detener el paso del tiempo y preservarnos del horror de existir. Quizás. Ya se sabe, a los niños les encantan las canciones infantiles y Pedro Almodóvar sigue siendo, sin duda, como todos los grandes creadores desde Picasso hasta Fellini, un niño. Un niño cuyos sufrimientos pasados no son conocidos, pero que afloran a la superficie como la parte visible de un

La elección de Miguel Bosé *(Tacones lejanos)* no fue casual, sobre todo habida cuenta de que Pedro Almodóvar le pidió que interpretara al clon de una mujer fatal, siendo él mismo hijo de la famosa actriz italiana Lucía Bosé y del gran matador de toros Luis Miguel Dominguín.

iceberg. Y este dolor, es precisamente la canción que podría mitigarlo exacerbándolo, por muy paradójico que esto parezca, como el fado permite que aflore la *saudade* para poder vencerla mejor, como la corrida escenifica una muerte cruel para poder así subliminarla mejor y transformarla en un espectáculo casi religioso.

En su libro sobre su abuelo, Marina Picasso narra una corrida oficiada por el gran torero de aquella época, Luis Miguel Dominguín. La autora intenta explicar la fascinación que ejercen la tauromaquia y el Minotauro sobre un hombre ávido e inaccesible: «Arqueado sobre sus patas, el toro espera el último drama: el de la faena, por la que le darán muerte. Ofensa o señal de arrogancia, Dominguín le da la espalda para acercarse a las gradas. Se quita la montera y la alza hacia Picasso. Le brinda la muerte».[40] Sin embargo, volveremos después sobre el tema en *Tacones lejanos*, película que versa sobre las difíciles relaciones entre una madre egoísta y famosa y una hija repleta de mimetismos; cuando Pedro Almodóvar decide otorgar el papel de un personaje con tres rostros a Miguel Bosé no lo hace ingenuamente (es decir, el papel de Femme Letal, el travesti que imita a la perfección a Becky, la madre de Rebeca; el del juez Domínguez, encargado del caso del asesinato del marido de —y por— Rebeca, y, accesoriamente, él de Hugo, el camello). Hay que señalar que la elección de Miguel Bosé no es casual, sobre todo habida cuenta de que Pedro Almodóvar le pide que interprete a un clon de mujer fatal y que él mismo es hijo de la famosa actriz italiana Lucía Bosé y del gran matador Luis Miguel Dominguín, lo que explica el nombre que le da a Miguel en la película: el juez Domínguez.

El amor amargo de una madre

Como si se tratara de marcar distancias entre su propia y adorada madre y las que describe en el cine, las películas de Pedro Almodóvar ponen a menudo en escena a madres de familia indignas o egoístas, como es el caso de la madre de la niña en *¿Qué he hecho yo para merecer esto!*, o también de la madre de Rebeca, nombre de pila hitchcockiano, en *Tacones lejanos*, que sin duda nos recuerda a la madre de la protagonista en *Marnie la ladrona*. También existen madres fálicas o autoritarias, como las que pertenecen al Opus Dei en *Matador* y que dominan al hijo, o la madre del juez Domínguez en *Tacones lejanos*. Sólo la madre de *Todo sobre mi madre* es una madre amorosa, una verdadera mamá, de las que acunan y consuelan. Pero pierde a su hijo Esteban en el mismo principio de la película y tendrá tan sólo un anhelo: sustituirlo y encontrar al padre, convertido en Lola, un travesti. Es decir, en un ser en la frontera entre el hombre y la mujer, que padece en cierto modo un desdoblamiento de la personalidad, en el que Pedro Almodóvar confiesa haber encontrado «la ilustración perfecta del carácter completamente irracional del machismo».[41] Esto significa que con él nos situamos constantemente en una especie de cuestionamiento sobre la maternidad. Los hombres son potencialmente mujeres y las mujeres están sometidas a una búsqueda perpetua del reconocimiento y de la fusión —como el ser andrógino de Platón y la media naranja tan querida a Jean-Louis Bory, a los que Pedro Almodóvar rinde homenaje en *Carne trémula*, cuando Elena corta la naranja en dos partes iguales tras haber confesado su infidelidad a David—. Fundirse en un solo ser con el otro, incluso cuando el otro es tan diferente que intenta parecerse a ti, he aquí el sueño imposible de todo ser humano. Esta temática encuentra con Pedro Almodóvar su cenit en *Tacones lejanos*, ya que el personaje de Rebeca, interpretado por Victoria Abril, espera por fin un hijo del hombre que se travestía para convertirse en su madre. Este hombre, que es también el juez Domínguez, se hace llamar Femme Letal cuando se traviste. Por cierto, la palabra «letal» (del latín *letum*, «muerte») posee el mismo significado en francés que en español: significa «mortal», al tiempo que evoca para un soñador de palabras el Leteo, este río de los Infiernos cuyas aguas se supone que permite olvidar la vida terrestre. Sin duda alguna, un hombre que imita a una mujer sólo puede ser letal, en el sentido de «dosis mortal», como si en cierto sentido estuviera sin vida, ya que en realidad no es sino una pálida copia de la mujer que da la vida y no podrá dar la vida del mismo modo que lo hace una madre. Este fantasma es persistente en el cine de Pedro Almodóvar: vimos a un padre convertirse en mujer, Lola, en *Todo sobre mi madre*, y el propio Pedro Almodóvar no ha dudado en llegar más lejos cuando cantaba con Fanny McNamara en los años de la movida: «¡Voy a ser mamá!». De hecho, respecto a *Todo sobre mi madre*, el cineasta declara: «La película habla ante todo de la llegada al mundo de un ser, de la maternidad que se convierte en paternidad y viceversa».[42]

La madre de *Todo sobre mi madre* es la única madre amorosa, una verdadera mamá, de las que acunan y consuelan (Cecilia Roth y Eloy Azorín).

La madre y la muerte, la aparición y la desaparición de la mujer, ser y rena-cer, todos estos temas son llevados al paroxismo, tal como veremos, en *Ha-ble con ella*, pese a que ninguna de las parejas haya llegado justamente has-ta el final de la procreación, dado que las dos mujeres de la película, mujeres letales, están clínicamente muertas.

Sólo el amor conseguirá salvar a una de las dos, liberada de los infiernos como Eurídice fue salvada por Orfeo.

Almodóvar se divierte derrumbando la estructura básica de la familia (forma-da por un padre una madre), repitiendo a su gusto lo que está sucediendo realmente en la sociedad occidental, en la que todas las posibilidades familiares están siendo exploradas. Una secuencia de *Todo sobre mi madre* resume de forma clamorosa esta situación de hecho. Sor Rosa, que está embarazada, es llevada en coche a casa de su madre por Manuela. De camino, pide que el coche se detenga un instante en el lugar donde jugaba de niña y entonces ve a su padre con su perro. El perro la reconoce, pero su padre, perdido en su enfermedad, le pregunta cosas absurdas, ya que, para él, ella es una extraña. Entonces, con mucha ternura, Rosa le dice: «¡Adiós, papá!». Es una escena doblemente dramática, puesto que Rosa está a punto de morir.

En otros momentos, de una forma mucho más ligera, se diría que el cineasta no ha necesitado leer a Elisabeth Roudinesco para tomar conciencia de la diversidad de las situaciones familiares. «Ahora es posible crear una familia con otros miembros —declara Pedro Almodóvar—, otras relaciones, otros lazos biológicos. Y las familias deben respetarse, sean como sean, ya que lo esencial es que los miembros de las mismas se quieran.»[43] Lo que deja ver toda esta confusión es que las familias han de dar amor a los niños que han traído al mundo, como una vuelta a la racionalidad, y casi como

Dos mujeres Manuela y Rosa (Cecilia Roth y Penélope Cruz), se hacen pasar por hermanas en *Todo sobre mi madre*. Aquí, en el centro, con la madre de Rosa (Rosa Maria Sardà).

una llamada a la moral. Poco importa entonces que los sexos sean inter-cambiables, que las mujeres amen a hombres ausentes, travestis o machis-tas, y que los niños estén constantemente intentando desvelar el secreto del nacimiento y de la muerte de la madre, tal como ocurre en la película *Kika*.

Ser amado es más importante que amar. Las mujeres están permanente-mente en búsqueda de esta especie de identificación y los hombres sueñan inconscientemente con imitarlas. En cuanto a los hijos, también están en búsqueda de un secreto que no descubrirán nunca por-que finalmente es el secreto del incesto. Acostarse con una mujer, para ellos, representa satisfacer una es-pecie de fusión física con la madre eterna, la que Pedro Almodóvar parece querer resucitar hablan-do de su propia madre, filmándola, llorándola.

Las madres de las películas de Pedro Almo-dóvar, ya sea una madre que compite con su hija, fría, cruel y egoísta, ya sea una madre tierna y amorosa con su hijo, sigue estando inspirada, aho-ra y siempre, según ha confesado el propio ci-neasta, en un único modelo: su propia madre. «En mis películas —nos dice—, la madre ha sido siem-pre una mujer cercana a mi madre, incluso cuan-do era más joven, como Carmen Maura en *¿Qué he hecho yo para merecer esto!*»[44] Una sola madre constituye la excepción: precisamente la de *Todo sobre mi madre*, tal como Pedro ha confiado a Frédéric Strauss, como si, una vez más, se divirtiera dando pistas falsas y haciéndonos cre-er que nos lo iba a revelar todo sobre su madre.

Victoria Abril en *Kika* interpreta magistralmente a una mujer omnisciente de la televisión, a medio camino entre Terminator y un *cameraman*, prefiguración de los estragos actuales de la telebasura.

En realidad, *Todo sobre mi madre* no nos cuenta absolutamente nada sobre su madre. Curiosamente, la madre de Pedro Almodóvar murió el año del estreno de esta película, que parecía dedicada a ella. Esa madre que le reprochaba a su hijo Pedro ser como «una vaca sin cencerro». Y que lamentó siempre que no usara su apellido junto al de su padre. Ésta es la razón por la que, al final de un artículo titulado «El último sueño de mi madre», publicado en *Le Monde* en septiembre de 1999,[45] el cineasta solicitó que no olvidaran poner su segundo apellido, el apellido de su madre tras el de su padre, Pedro Almodóvar Caballero, como un último homenaje a esa mujer de la que sabemos tan poco y a la que quizás Pedro Almodóvar intentó conocer desesperadamente. Hasta el punto de que podríamos hablar sin miedo a equivocarnos de fusión —sin duda simbólica—, del mismo modo que Luis Malle no dudó en escandalizar al público en los años setenta con *Un soplo al corazón* (1970): «Es la madre quien te trae al mundo y es ella quien te inicia en los misterios del mundo, en las cosas esenciales y en las grandes verdades. Quizás es cierto que idealizo a las madres, pero las que aparecen en mis películas son iniciadoras. Ángela Molina en *Carne trémula*, por ejemplo, se comporta como una madre con Liberto Rabal cuando le enseña cómo hacer el amor lo mejor posible. Le está iniciando en algo muy importante: en el acto físico del amor».[46] Buñuel aparece citado una vez más, no únicamente por el hecho del incesto, sino también porque Liberto Rabal es el nieto de Paco Rabal, que fue el actor fetiche de don Luis, y que Ángela Molina, recordémoslo, hizo su debut con Buñuel en *Ese oscuro objeto del deseo* (1977). En efecto, ¿acaso puede haber algo más oscuro y más surrealista que el deseo inconsciente del hijo hacia su madre, y de la madre por su hijo, carne de su carne y, en ocasiones, víctima de la culpabilidad que ésta le va a inculcar para redimirse? Vértigo laberíntico, corazón de la metáfora almodovariana de la dualidad origen de toda vida.

El enigma de la maternidad

Al igual que el misterio de Dios creador del universo y del hombre y la mujer, el misterio del alumbramiento es, sin duda, el que más intriga a Pedro Almodóvar. La mujer posee el poder de dar a luz, a imagen de la Virgen María, fecundada por el Espíritu Santo y convertida en madre de Jesucristo.

El poder de dar a luz, de dar la vida, la coloca en cierto modo en el mismo pedestal que Dios, y desde esta óptica es desde donde debemos entender, en la mente de Pedro Almodóvar, una especie de fascinación unida a una forma de rivalidad, ya que el hombre, tan poderoso según la tradición machista española, no es capaz de hacerlo. De ahí, seguramente, esa voluntad de transformar los hombres en mujeres, con el fin de que éstos también puedan, por lo menos de una forma simbólica, dar la vida, al adoptar los atributos y las cualidades de la mujer. Evidentemente, el enigma de la maternidad se halla en el corazón mismo de todas las mitologías. Pedro Almodóvar aporta su piedra a este edificio con tres películas que ilustran perfectamente la transmutación del embarazo y del parto:

1) En *Tacones lejanos:* una mujer niña, que adora en secreto a su madre egoísta, queda embarazada del hombre que, travestido, imita a la perfección a su madre.

2) En *Todo sobre mi madre*: una madre que acaba de perder a su hijo, Esteban, parte en búsqueda del padre, Esteban, convertido en Lola, que además ha conseguido dejar embarazada a una joven mujer, la cual, al morir, dará a luz a un tercer Esteban, como si este segundo linaje renaciera de sus cenizas.

3) Finalmente, en *Hable con ella*: Almodóvar pone en escena una maternidad en cierto modo robada, pues es consecuencia de una violación. Posteriormente, se produce un aborto, ya que la futura parturienta se encuentra en coma y la pérdida del feto la devolverá a la vida y al amor.

Los derroteros del amor y de la maternidad son muy complicados en la obra de Pedro Almodóvar, basta con fijarse en la compleja relación de él mismo con su madre. Pero el misterio permanece, e incluso se vuelve más opaco, como si, al igual que los filósofos, Pedro Almodóvar volviera continuamente sobre el enigma de su presencia en el mundo y se planteara esta pregunta tan genuinamente heideggeriana: «¿Por qué existe algo en lugar de la nada?».

Tacones lejanos, un melodrama soterrado

La película empieza con un *flashback* que explica en parte la problemática, es decir, la relación entre una hija y su madre. En un aeropuerto, una joven mujer elegantemente vestida con un traje chaqueta de Chanel espera y recuerda.

Recuerda un episodio de su infancia en el Trópico relativa a unos pendientes, a una madre ya indiferente y a un padre no mucho más atento, que no se inquietaban demasiado por esta niña, que se había perdido y a la que unos hombres querían cambiar por unas palmeras. Volvemos a la realidad, en la medida en que ésta existe, y vemos a la joven mujer, Rebeca, sacar sus pendientes de su bolso Chanel y ponérselos. Le sigue una secuencia explicativa que sitúa la continuidad de esta historia en el Madrid de 1974, donde Becky, la madre, vive en ese momento con su segundo marido, que quiere impedirle que se dé a conocer como cantante en México. Y Rebeca, para ayudar a su madre, a la que adora, le da unos barbitúricos a su padrastro, quien se duerme al volante y muere en un accidente. Entonces Becky puede irse a vivir y a trabajar a México, pero no se lleva a su hija con ella, provocándole con ello una frustración que no la abandonará nunca, acompañada de un sentimiento de culpabilidad provocado por esta pregunta fundamental: «¿Quieres que mamá renuncie a su carrera?».

Tras estas dos incursiones en el pasado, suficientes como para poner en situación el drama almodovariano, entra en escena la madre en el aeropuerto, con vestido rojo y sombrero del mismo color. Marisa Paredes, con una clase increíble, se impone, y las comparaciones resultan odiosas entre esta madre espléndida y esta hija que intenta torpemente igualarla, hasta el punto de haberse casado con uno de sus antiguos amantes, Manuel. El reencuentro no es muy cálido, está lleno de rencor, y el intercambio de palabras de bienvenida es realmente simbólico. Becky declara que quiere dormir en el hotel Miguel Ángel, lo que decepciona un poco a Ángela, que pensaba que se iba a instalar en su casa. Después, Becky le anuncia que ha comprado la antigua portería de su madre y que piensa instalarse en ella en cuanto las obras de remodelación hayan terminado. «Te quiero mucho mamá», le dice Rebeca visiblemente emocionada cuando se besan, y Becky le contesta sobriamente: «Tenía miedo de que me odiases», lo que se asemeja en cierto modo a una estrategia de seducción. Mientras, se han parado en el antiguo barrio de Becky, justo delante del anuncio de Femme Letal, y cuando ambas mujeres se abrazan llorando, los cabellos rubios de Becky se enredan en los pendientes caribeños que lleva su hija. A Becky le parece que son idénticos a los que había comprado veinte años atrás, olvidando que se los había regalado a Rebeca.

Por la noche, Becky y su ambigua secretaria miran en la televisión a Rebeca presentando las noticias en el canal privado de Manuel. Aparece de frente, al lado de una joven que traduce lo que está diciendo a lenguaje de signos, y que resultará ser la amante de su marido. Pero Rebeca es presa de un ataque de risa. Confesará más tarde a su madre, que finge no ha-

Pedro Almodóvar dirige a Marisa Paredes, una de sus actrices fetiches, en el papel de una diva *(Tacones lejanos)*.

berlo visto, que estaba alterada porque pensaba que ella la estaría mirando. Durante la comida que organizará en casa, Rebeca oirá, sin que ellos se den cuenta, lo que Manuel le dice a Becky y comprenderá que todavía se sienten atraídos el uno por el otro.

Esta misma noche acuden a Villa Rosa para ver a Femme Letal, un travesti al que Rebeca conoce muy bien y al que adora porque le recuerda a su madre. Asistimos, entonces, a un número de cabaret interpretado magistralmente por Miguel Bosé, dirigido minuciosamente por el propio Pedro Almodóvar. Femme Letal canta e imita a la perfección a la famosa Becky del Páramo, presente entre el público y mostrada en un plano junto a su hija y al supuesto yerno. Cuando Femme Letal se une a ellos, Becky está emocionada y halagada por su imitación. Le regala uno de sus pendientes y, a cambio, Femme Letal le ofrece uno de sus pechos postizos, tal como sugiere Manuel. Cuando le pregunta cuál de los dos prefiere, Becky le contesta, riendo: «El derecho, el del corazón». Este error tiene, evidentemente, muchas implicaciones. Da a entender que Becky no tiene corazón, y esta equivocación provoca la reacción de Rebeca, que intenta, en vano, corregir el error. Se trata, además, de una bonita prolepsis, ya que Becky tiene el corazón muy delicado y morirá por ello. Se trata ya de una historia de corazón que tendrá su culminación en *Todo sobre mi madre*. Por otra parte, hay que considerar la escena en la que Femme Letal ofrece un pecho; él será muy pronto padre, y aparece disfrazado como la madre de una mujer que, de niña, dio la muerte y que se verá nuevamente obligada a matar a un hombre para seguir viviendo y, finalmente, poder dar la vida. Como si el amor que Rebeca siente por su madre la obligara a matar a los hombres que ama, para acabar deseando solamente al que imita a su madre. Porque los hombres le dan asco, sólo puede encontrar el amor con un hombre-mujer que se desprende de su pecho derecho, como lo hacían las amazonas, esas mujeres bisexuales que sólo aceptaban entregarse a los hombres para reproducirse. Por otra parte, en esta enciclopedia de los símbolos encontramos esta definición de la amazona, que sin duda recuerda el fantasma almodovariano: «Las amazonas ofrecerían […] el ejemplo de una conjunción entre opuestos, de lo masculino y de lo femenino, de la guerra y del amor, bajo la figura de mujeres amantes de la acción y que asumen su bisexualidad».[47]

La Cimarrona, una especie de gigante interpretada por el transexual preferido de Pedro Almodóvar, Bibí Andersen, en *Tacones lejanos*.

Cabe precisar también que, etimológicamente, *amazona* procede de la expresión «las que sólo tienen un pecho», ya que se extirpaban el seno derecho para facilitar sus movimientos con el manejo del arco. Finalmente, las películas de Pedro Almodóvar tienen tanta osadía como imaginación los creadores de la mito-

Rebeca (Victoria Abril) y Becky del Páramo (Marisa Paredes), descubren el retrato en el que Femme Letal imita a la diva *(Tacones lejanos)*.

logía griega: el realizador no duda en utilizar mitos y símbolos y, sobre todo, en inventar situaciones igualmente metafóricas.

En este momento, la película da un giro, ya que llegamos al corazón de un drama que se ha ido gestando lentamente y que, pese a su lado irreal, se impone casi como una verdadera tragedia digna de los Atridas. Sin embargo, Pedro Almodóvar ha echado mano de una buena dosis de provocación para imaginar semejante historia que pone en escena, a un tiempo, relaciones madre-hija de lo más sutiles y que combina lo novelesco con el melodrama. Una madre copiada a la vez por su hija, sin éxito, y por un hombre que borda su imitación más allá de toda verosimilitud. Una situación que podría ser propia de un vodevil y que, sin embargo, resulta completamente creíble. Mientras Rebeca acompaña a Femme Letal a su camerino para que se cambie, Manuel y Becky se pelean. Queda patente que Manuel sigue deseando a Becky, quien le recuerda que es la madre de su mujer, a lo que Manuel contesta: «No por mucho tiempo», anunciándole de este modo su voluntad de divorciarse.

En los camerinos, Almodóvar sigue invirtiendo los papeles, ya que es Rebeca quien, en una escena que recuerda a *Cabaret* (1972), de Bob Fosse, desnuda a Femme Letal, quien, a diferencia de las *strippers* profesionales, vuelve a ser un hombre y le hace el amor mientras ella permanece colgada, como si estuviera sacrificada en una cruz, de una barra de trapecio, al tiempo que un plato azul en forma de estrella cae al suelo y se rompe, anunciando sin duda el fin de la estrella Becky.

Rebeca (Victoria Abril) junto al juez Domínguez (Miguel Bosé), el hombre doble por excelencia, puesto que encarna también, travestido, a Femme Letal *(Tacones lejanos).*

Punto cenital, esta unión de los contrarios que culminará con un embarazo pone en escena el fantasma preferido de Pedro Almodóvar, es decir, el combate que libran en todo hombre la parte masculina y la parte femenina. Es en este momento cuando la audacia de Pedro Almodóvar se transforma en gracia. En efecto, ¿quién puede creer que una estrella reconocidísima vuelva a su país de origen para instalarse en la portería de su madre, reformada pero en un semisótano? ¿Cómo aceptar también que su hija, casada con uno de sus antiguos amantes, pueda quedar embarazada de un travesti que imita a su madre en los cabarets de Madrid y que, a la vez, es juez

Rebeca (Victoria Abril) en la tienda de fotos en la que se produce el intercambio involuntario de las fotos que la van a comprometer *(Tacones lejanos).*

de instrucción, además de un joven camello de lo más peligroso? La película propone, además, un sinfín de situaciones tanto o más rocambolescas: el juez Domínguez vive con su madre inválida, que colecciona recortes de la prensa del corazón y guarda un par de tijeras en un altar; Manuel es asesinado y las tres mujeres de su vida, Rebeca, Becky e Isabel (esta última es la intérprete de lengua de signos), son sospechosas. Un intercambio involuntario de unas copias en la tienda de fotos permite a Rebeca reconocer la cara del juez en las fotos de una joven (Paula). Que en la tienda de fotos se intercambien las copias de los clientes es algo que puede ocurrir, pero que esta equivocación permita a Rebeca reconocer al juez bajo otro aspecto en las fotos de Paula, y a Paula ver las fotos que Rebeca va a mostrar próximamente en la televisión, constituye una idea extravagante pero interesante y que, sobre todo, funciona.

Otra licencia por parte de Pedro Almodóvar es haber elegido la televisión como confesionario (lo que resulta bastante visionario, si pensamos en algunos *reality-shows* actuales), con el fin de que Rebeca confiese en directo que ha matado a su marido. Abatida y llorando, muestra a la cámara las fotos de los objetos preferidos de Manuel, como si los espectadores fueran de su familia o, mejor aún, para ofrecer su intimidad como carnaza a los medios antes de que ellos mismos se la roben. «Es una secuencia genial cuando Rebeca saca fotos de objetos de su difunto marido y las presenta a la cámara —escribe Jean-François Pigoullié—. Una escena cuya absurdidad me recuerda de forma irresistible a *El fantasma de la libertad* (1974) de Buñuel en la que en un primer momento se ve gente gritando horrorizada ante unas fotos que resultan ser unas inofensivas postales. Si Pedro Almodóvar consigue dar a estas fotos aparentemente anodinas una fuerza subversiva, es porque suponen una transgresión de la imaginería catódica (mientras que Buñuel transgredía la transgresión en sí misma).»[48]

A pesar de que Rebeca es encarcelada, su madre no anula su actuación. Empieza besando el escenario, deja la impronta de su pintalabios y añade que su corazón está roto en pedazos. Ella, que no sabe dónde está el corazón, llora, y una lágrima cae sobre su boca dibujada en el suelo, una imagen a lo san Sulpicio que nadie más que Pedro Almodóvar se atrevería a recrear en nuestros días,[49] y que, sin embargo, resulta de lo más efectiva. Empieza a cantar entonces esa magnífica canción que, en parte, explica el éxito de la película: «Piensa en mí». El juez, omnisciente y con el don de la ubicuidad, como el pantocrátor, está en la sala. Las coincidencias siguen acumulándose: el juez, gracias a su madre, descubre una foto de periódico que demuestra que Becky era, efectivamente, la amante de Manuel; en la cárcel, Rebeca se reencuentra con Paula, la clienta de la tienda de fotos, quien se da cuenta de que Hugo, su novio camello, ha sido encontrado muerto. Pero la mayor de las casualidades es que, más adelante, Rebeca habla con Paula acerca de Hugo, y descubre que, al igual que Femme Letal, tenía un lunar en el pene. Hugo y Femme Letal son, pues, uno solo hombre, un hombre camaleónico (sobrenombre, por cierto, que se le daba a Truman Capote). Paralelamente, Becky se niega a ir a ver a su hija a esa extraña cárcel, parecida a una *zenana*, en la que Rebeca ha cambiado sus trajes de Chanel por un jersey de retales, que le da un aspecto de arlequín en una escena en la que se conmueve y llora al oír la canción de su madre transmitida por televisión. Finalmente, dejándose convencer por el juez, Becky acepta entrevistarse con su hija en el despacho de éste, lo que da lugar a una escena en la que Rebeca le confiesa a su madre que se ha pasado la vida imitándola y que fue ella quien, siendo niña, cambió las pastillas para matar a su segundo marido. Becky la abofetea y se queda destrozada.

De vuelta a la cárcel, Rebeca se encuentra mal y descubre que está embarazada. Es liberada por orden del juez y, de nuevo en su casa, saca el arma del crimen del interior de la tele donde la había escondido.

El juez la convence para que vaya a ver a Femme Letal, pero entonces es él quien

Bibí Andersen como Susana *La Cimarrona*, y Victoria Abril en el papel de Rebeca: dos mujeres en una extraña cárcel (*Tacones lejanos*).

aparece; en ese momento le confiesa que se disfraza para investigar asesinatos de travestis o para desenmascarar camellos. Cual una moderna trinidad, en realidad son tres personajes encarnados por el mismo hombre. Seguidamente, él le pide que se case con los tres. Rebeca se da cuenta entonces de que está embarazada del juez Domínguez.

El desenlace de la película se produce cuando, tras ponerse de nuevo su barba falsa, como en una película de Buñuel, el juez confiesa su verdadera identidad. Se llama Eduardo. En ese mismo momento, se escucha la canción de Becky por la tele y la presentadora anuncia que acaba de sufrir un ataque al corazón.

En el hospital, sintiendo que su fin se acerca, Becky decide incriminarse a sí misma en beneficio de su hija, una prueba final de amor para redimirse de su egoísmo y su narcisismo; le recomienda entonces, en un susurro: «Debes aprender a resolver tus problemas con los hombres». Un inesperado toque de humor que bien merece ser analizado. Y al sacerdote, sorprendido de que se inculpe injustamente, le contesta: «Dios lo entenderá. Es justo que mi muerte sirva para algo». Al final de la película, cuando vuelve a su casa para morir, en ese semisótano desde el que se ven pasar las piernas de las mujeres que caminan por la acera (como en *El amante del amor,* de François Truffaut, 1977), Becky pide que le traigan el arma del crimen para dejar en ella sus huellas. En el momento en que Rebeca, emocionada, le da las gracias a su madre, ésta cierra los ojos para siempre. Se ven pasar las piernas de las mujeres frente a la ventana elevada, Rebeca las mira y se acurruca en posición casi fetal sobre la cama, pegada a su madre, como una niña, y pronuncia estas palabras durante tanto tiempo reprimidas: «No me podía dormir si no escuchaba tus tacones». Entendemos que Rebeca se hizo amiga de Femme Letal porque tenía la sensación de que era su madre. Cuando éste recobra su apariencia de hombre es cuando encuentra finalmente el amor de su madre o, por lo menos, las pruebas de amor, como le gustaba decir a Jean Cocteau. Entonces puede decirle esas palabras de amor, esas palabras de niña que traducen el miedo a la ausencia y que atestiguan, quizás, el final de una rivalidad y la esperanza de una vida nueva, liberando a Rebeca y permitiéndole convertirse a su vez en madre. A la manera de una película de Hitchcock, la madre y su clon han muerto, y Rebeca puede por fin vivir. O, por lo menos, así lo esperamos.

Todo sobre mi madre, los aventureros del padre perdido

Con esta película, Pedro Almodóvar pone en escena a una madre totalmente diferente de la de *Tacones lejanos* y retoma el tema del transplante de órganos, algo que ya había anunciado en *La flor de mi secreto.* Esta madre diferente es Manuela, mucho menos *glamourosa* que Becky, pero afectuosa y atenta. Hay que decir que es la madre de Esteban, un apuesto joven de diecisiete años que parece reunir todas las gracias. Pero Manuela tiene un secreto, como muchos de los personajes almodovarianos, y aunque ella y su hijo hablan fluidamente y de forma bastante libre, nunca tratan lo esencial. Es decir, ¿quién es esa persona a la que Manuela ha recortado con tanto cuidado en la foto en la que ella aparece actuando? Dicho de otro modo, ¿quién es el padre de Esteban?

Pedro Almodóvar ha realizado una singular sustitución al dar a Marisa Paredes un papel casi idéntico al que interpretaba en *Tacones lejanos,* es decir, de estrella, pero privándola de su hijo, convirtiéndola en una lesbiana desgraciada en amores. Es una neurótica y está desesperada, casi como si se tratase de una tránsfuga de un drama de Tennessee Williams, su papel es el de Blanche DuBois en *Un tranvía llamado Deseo*. Este deseo es, por cierto, la fuerza que mueve toda la película: todo el mundo desea algo o a alguien. Esteban quiere convertirse en escritor y desea, ante todo, conseguir un autógrafo de la actriz Huma Rojo. Manuela desea ser actriz, y Huma Rojo, por su parte, desea a una joven, Nina, que prefiere la droga. Al principio de la película, Almodóvar parecía haber optado por una historia lineal: Manuela es una enfermera e interpreta, en un seminario médico, el papel de una mujer que debe aceptar que el corazón de su marido sea transplantado. Esteban, que le ha pedido asistir, ve a su madre por un monitor como si se tratara de una actriz de una serie de televisión. Con la diferencia de que interpreta en directo, ante los ojos de su hijo, el drama que van a vivir dentro de poco. El talento de Pedro Almodóvar queda aquí patente, puesto que posee el don de instalar las bases mismas del drama sin que lo parezca. Nos muestra incluso a Manuela saliendo de una habitación en la que se puede leer «Quirófano». Esta sala no ha merecido nunca tanto su nombre, puesto que va a ser escenario de una operación, es decir, una intervención sobre una persona que permitirá un cambio, una transmutación, un injerto que representa, a la vez, la permutación y el don supremo. En las películas de Pedro Almodóvar el hospital se convierte en un lugar de transformaciones, de implantes, hasta en un salón de belleza (*Hable con ella*). Cambia su función para convertirse, en cierto modo, en un laboratorio de alquimista o en las dependencias del doctor Frankenstein, donde los cuerpos son complementados, sustituidos, incluso modificados o transformados. Es, por otra parte, lo que explica perfectamente Agrado cuando cuenta (en *Todo sobre mi madre*) todas las operaciones de cirugía estética que la han metamorfoseado en mujer, como muestra de un género satírico sin duda heredado de Ovidio.[50]

Para anunciar la desgracia que, a su vez, transforma las vidas, Almodóvar ofrece una anticipación de los hechos cuando nos muestra a Manuela pasando delante del cartel (una amalgama más entre la imagen y la realidad) del rostro y, sobre todo, de la boca mil veces ampliada de Huma Rojo en *Un tranvía llamado Deseo*. En este momento, su hijo va a su encuentro y esquiva por muy poco un coche (imagen obsesiva en el imaginario de Pedro Almodóvar, que volveremos a encontrar en la siguiente película, *Hable con ella*). La vida de Manuela —y el estado anímico del espectador— se quebrará poco tiempo después, cuando la noche de su cumpleaños Estaban corre detrás del coche de Huma Rojo y es atropellado y muere ante los ojos horrorizados de su madre. El atropello es una imagen que Pedro Almodóvar pone directamente en escena para mostrar que la vida va a experimentar un giro brutal y que el deseo de la madre va a cambiar radicalmente. Manuela acepta que transplanten el corazón de su hijo a un desconocido, a quien sigue e intenta conocer, con el riesgo de volverse loca. Pero para ella es fundamental: «He seguido el corazón de mi hijo», dice como para disculparse. Después, parte en búsqueda del padre de Esteban para anunciarle la muerte de su hijo, pero también para escapar a la obsesión que la persigue por no haberle hablado de él a su hijo. Con una elipsis fantástica (un largo túnel seguido de las imágenes asimétricas de la Sagrada Familia de Gaudí en Barcelona), Pedro nos hace sentir el cambio de situación y de vida de Manuela. El plano siguiente nos la muestra en un lugar muy al estilo de Fellini, en medio de un ir y venir incesante de coches en un descampado donde ejercen su oficio prostitutas de todo tipo. Aquí es donde Manuela se encuentra con Agrado, un transexual que la conoce muy bien, así como al padre de Esteban. Ya hemos visto la catedral de la Sagrada Familia. Empieza ahora a formarse bajo nuestra mirada otra familia, mucho menos tradicional, pero tan sagrada para Almodóvar que utiliza una metáfora religiosa para calificar a Agrado, que acaba de pelearse con un cliente. En efecto, Manuela le dice: «¡Pareces un Cristo crucificado!». ¿No se trata, acaso, de una alusión al Cristo yacente y desfigurado del *Nazarín* (1958) de Buñuel del que ya hemos hablado, en sintonía con la gran tradición iniciada en España por Goya?

Por mediación de Agrado, Manuela conoce a Rosa, una monja de la caridad que se ocupa de las prostitutas, pero que no lleva encima ningún signo distintivo de su pertenencia a una orden religiosa. Es guapa, de buena familia y conoce muy bien a Lola, el padre de Esteban. De hecho, lo conoce tan bien que, como posteriormente sabremos, espera un hijo suyo. Seropositiva, morirá durante el parto, trayendo al mundo a un nuevo pequeño Esteban del que Manuela se hará cargo. Descubriremos algo más tarde que, milagrosamente, el niño no es seropositivo. Así pues, podemos afirmar que *Todo sobre mi madre* es también una película sobre la filiación. Una vez más, ha sido necesario que una madre muera para que un niño nazca y, en esta ocasión, para que otra mujer vuelva, a su vez, a ser madre.

La hermana Rosa (Penélope Cruz) en *Todo sobre mi madre,* personaje melancólico y alegre a la vez y que va a morir al dar la vida.

También ha sido necesario que Lola muera, este hombre-mujer que, según Manuela, tenía «los peores defectos de los hombres y los peores defectos de las mujeres». Un hombre completo, pues, que aúna en él la parte femenina y la parte masculina, este ideal al que ciertos mitos (y Pedro Almodóvar también) aspiran.

Esta búsqueda del ideal no funciona únicamente con la maternidad, sino también con la identificación con una mujer. En efecto, al mismo tiempo que busca al padre de su hijo muerto, Manuela consigue encontrar a la que, por una casualidad increíble, es responsable (aunque no culpable) de su

Antonia San Juan (Agrado) y Cecilia Roth (Manuela) frente al misterio almodovariano de la transmutación de los sexos en *Todo sobre mi madre*.

muerte, Huma Rojo. Ésta interpreta el papel de Blanche DuBois en *Un tranvía llamado Deseo*, un papel rayano con la locura y la desmesura en una obra en la que, justamente, Manuela ya había actuado en el pasado. Todas estas coincidencias conducirán a Manuela a sustituir, de forma inesperada, a Nina Cruz en la obra y a darle la réplica a Huma Rojo. La *vedette* se va a convertir, en cierto modo, en el modelo de Manuela, y le permitirá reencontrarse con el teatro, ese lugar mítico con el que siempre ha soñado. Se convertirá en la secretaria y confidente de Huma, y, entre bambalinas, recitará esta obra que se sabe de memoria, especialmente la réplica de Blanche DuBois: «¿Dónde está mi corazón?». Aunque se trata de un joyero, la metáfora es buena. Pedro Almodóvar nos ha acostumbrado a utilizar frecuentemente objetos transaccionales en sus relatos. Ya habíamos visto el corazón de Ricki en el bolso de Marina en *¡Átame!*, en forma de una caja de bombones roja. Aquí, se trata de dos mujeres —casi podríamos decir de tres, si incluimos a Blanche DuBois— a la búsqueda de un corazón. Y Manuela, doblemente, porque sabe que, en algún lugar, el corazón de su hijo sigue latiendo, en el pecho de un desconocido, y en el cuerpo femi-

El bello rostro de Marisa Paredes (Huma Rojo) en *Todo sobre mi madre*, en el papel de una actriz que, sin quererlo, trastoca el destino de una mujer.

nizado de su padre convertido en mujer. Aquí podemos tocar con la mano el vértigo característico del cine de Almodóvar, una especie de indiferenciación que, para alguien que crea en la transmigración de las almas, no está muy lejos de un cierto misticismo. El «nada se crea, nada se destruye, todo se transforma» de la filosofía griega encuentra aquí, en cierto modo, su cenit, en la medida en que la ficción literaria (la obra de Tennessee Williams) y la ficción cinematográfica (la película de Pedro Almodóvar) se aúnan para conseguir una metáfora sobre el abandono y la búsqueda eterna del amor. El hombre está en el centro, da igual que se trate de Kowalsky o de Lola-Esteban, deseado por mujeres que intentan, cada una a su modo, reencontrar a un padre. Este padre perdido que sobrevuela, no sabemos por qué, el cine de Pedro Almodóvar, se materializa en *Todo sobre mi madre*, en la escena del no-encuentro entre sor Rosa y su padre, quien no la reconoce.

Es ésta una película sobre el duelo y la soledad, pero también sobre la esperanza y el renacer. «Hay que aprender a morir», tal como lo recomendaba Platón, pero para dar vida a otra vida que, a su vez, se apagará. He aquí una de las lecciones de esta película, a la que la prensa calificó en su día como obra maestra y que abre tantas puertas sobre el misterio de la maternidad y sobre los derroteros extraños que en algunos casos sigue. Así, Manuela reencuentra un hijo, llamado también Esteban, que no es totalmente el mismo ni totalmente distinto, que la quiere y la comprende, parafraseando a Verlaine. «En la obra de Pedro Almodóvar, la maternidad no tiene nada de biológico —escribe Marie-Claude Martin—. Manuela, gracias a su genio de la improvisación puede hacer realidad su papel de madre, pero también gracias a su bondad: confiar en los desconocidos (que es apostar por su propia bondad) dándoles una parte de su tesoro más preciado (el corazón de Esteban, ofrecido a un anónimo enfermo del corazón, y la foto de su hijo cedida al padre indigno). Es esta generosidad la que permite a Manuela secar sus lágrimas y transformar una muerte anunciada, finalmente, en un pequeño milagro médico.»[51]

Hable con ella, la joven y la muerte

«Me gusta mucho la idea de dos hombres que prosiguen su vida con dos mujeres que ya no hablan, pero que son, aunque de otra forma, tan expresivas como estos mismos hombres.»[52]

Esto es lo que me confiaba Pedro Almodóvar hablando del origen del guión que dio nacimiento a *Hable con ella*. Tal como veremos, la película ha sobrepasado esta idea inicial, ha llegado mucho más lejos, desarrollándose entorno a la palabra, a lo que no se dice y al renacimiento. Las dos películas anteriores ponían en escena a mujeres que buscaban un vínculo perdido con la maternidad, ya se trate de Rebeca en búsqueda del amor de su madre o de Manuela a la búsqueda del corazón de su hijo muerto. La trilogía termina con una obra consagrada otra vez a la maternidad, pero vista, en cierto modo, con ojos de hombres, ya que las mujeres están presentes pero ausentes, sumidas en el coma. *Hable con ella* resulta interesante en varios niveles, concretamente porque cambia el punto de vista. Lo que Pedro Almodóvar nos deja ver, desde el principio, son las lágrimas de un hombre ante la desesperación de las mujeres, desesperación encarnada mediante el recurso a una escena de teatro en la que dos bailarinas y un hombre triste simbolizan la gran soledad de la condición humana. Hemos visto cómo se levanta el telón del teatro y Pina Bausch y los miembros de su compañía escenifican el ballet *Café Müller,* mujeres que se dan golpes contra las paredes y las sillas y un hombre que no logra ayudarlas en manera alguna. ¿Una película sobre la incomunicación entre los hombres y las mujeres? No únicamente. Una película, ante todo, sobre la imposibilidad de hablar, de hablarse, de ahí el título, *Hable con ella*, que, intencionadamente, no respeta la lógica, ya que Benigno, refiriéndose a una mujer en coma, debería haber dicho «Háblele», el «con» implica un intercambio, una comunicación que, en este caso, está rota. «La palabra [...] será el elemento esencial [de la película]: la palabra de la que se ven privados los bailarines del prólogo —escribe Catherine Axelrad—, títeres invidentes del *Café Müller* de Pina Bausch (ya mencionados en un cartel en *Todo sobre mi madre*), pero también los personajes del cine mudo al que se hace referencia, e incluso Marco, el hombre que sólo consigue expresar su sufrimiento mediante lágrimas, y que no sabrá decir a tiempo las palabras salvadoras.»[53]

En esta película, los hombres hablan demasiado y las mujeres callan, al contrario que en *Mujeres al borde de un ataque de nervios*, por ejemplo. Pero eso no significa que no comuniquen. Para ilustrar este silencio, Pedro Almodóvar eligió referencias a artes no sonoros: la danza y el cine mudo, que a Alicia le gustan por encima de todo; la tauromaquia para Lydia, que es un arte que no va acompañado de la palabra. Incluso cuando Benigno está en la cárcel, los medios de comunicación permanecen por una vez mudos, y no van ni siquiera a investigar en su edificio, para gran decepción de la portera. La película funciona, pues, con el lenguaje y con el silencio, con la alternancia entre los signos y las imágenes que abundan sustituyendo la conversación, y los diálogos que, a menudo, nos sumergen en nuestras vidas. Hay imágenes que no engañan: Luis Dominguín herido, en una foto enmarcada a modo de advertencia tras la primera corrida; los altares dedicados a la Virgen antes y después de cada corrida (y también en la habitación donde Lydia está hospitalizada); y la canción de Caetano Veloso que habla del alma ligera de la bienamada. Sin embargo, la secuencia de «Cucurrucucú, paloma» se sitúa en una especie de mundo idealizado, filmada en la propia casa de Pedro Almodóvar y contando entre el público con las actrices fetiches de sus películas, representando una especie de Edén, con la voz dulce y melodiosa del cantante creando una atmósfera armoniosa, un oasis de paz en el corazón del drama. Hay que precisar que la música de *Hable con ella* es primordial y explica el éxito de la película, uniendo a Henry Purcell con Alberto Iglesias, quien rinde homenaje a Eduard Lalo y a su *Sinfonía española* (1873) y a Manuel de Falla (1876-1946).

De todas formas, la fuerza de la música, que funciona como un auténtico lamento (salvo al final de la película, cuando se convierte en una liberación), no puede oponerse a la fuerza del destino, que resulta muy obstinado. Todas estas metáforas de la muerte ponen en escena a una joven prácticamente muerta y que va a renacer, como la Bella Durmiente, gracias al amor un tanto absurdo de un hombre extraño, también muy ambiguo, que los demás tienden a considerar como un ser a medio camino entre un hombre y una mujer. Este hombre que borda, que peinaba y maquillaba a su madre, que se identifica con Marco, el hombre que llora, y que, sin embargo, conseguirá fecundar el cuerpo (inánime) de la mujer a la que ama con toda su alma. Y para realzar todavía más esta fuerza de la fe que habita en Benigno, Pedro Almodóvar pone en paralelo a un hombre triste, Marco, que no consigue hablar con su mujer amada, Lydia, también en coma y que, justamente por eso, la perderá. «Hable con ella» es, por cierto, el consejo que le dio Benigno y que Marco no ha conseguido jamás poner en práctica. Quizás porque no estaba seguro de su amor. En efecto, en un plano impactante, Pedro Almodóvar nos muestra al Niño de Valencia, antiguo amante de Lydia, con el que volvió a salir poco antes de su accidente, hablándole mientras ésta yace, inanimada, en la cama. En este instante, antes de escuchar sus explicaciones, Marco entiende que Lydia no lo quería tanto como él a ella. Quizás sea ésta la razón por la que no puede hablar con ella y, antes de que entrara en coma, no dejó que ella le dijese lo que tenía que confesarle, es decir, su amor reencontrado con El Niño. «*Hable con ella* es una película sobre el verdadero diálogo —escribe Maureen Loiret—, el que va acompañado de la escucha, de la paciencia y del respeto, liberado del ego y alimentado por la emoción. De ahí la recomendación en tercera persona: "hable con ella" y no "conmigo".»[54]

Una película de construcción magnífica que se enreda entorno a dos *flashback* de gran perfección, *Hable con ella* progresa con una lógica implacable, la de la pasión que poco a poco acerca y separa a los seres que se aman.

Géraldine Chaplin (la profesora de ballet) y Leonor Watling (Alicia) en *Hable con ella*, un melodrama brillante que devuelve la vida a una joven prácticamente muerta.

Podríamos decir que se compone igualmente de tres dúos entrecruzados, cuyos destinos son todos ellos complementarios: Lydia y El Niño, Alicia y Catarina, la profesora de ballet, y, finalmente, Marco y Benigno. Evidentemente, Lydia conoce a Marco, y Benigno ya conoce desde hace cuatro años a Alicia, y así sucesivamente. Estas seis personas tienen destinos cruzados y están hechas para reencontrarse inevitablemente hasta la muerte. Sabemos que Marco conoce a Lydia por una especie de malentendido: pretende que ella le conceda una entrevista, pero en realidad quiere conocerla mejor, ya que siente adoración por las mujeres desesperadas, como él. Y Lydia acepta su amor únicamente porque él la salva de la serpiente que había entrado en su casa. Esta serpiente, símbolo del pecado o del falo, según tomemos el enfoque cristiano o el del psicoanálisis, provoca las lágrimas de Marco. En efecto, nos enteramos después de que su antigua pareja tenía la misma fobia. La serpiente, para ella, que era una yonki, le recordaba quizás de forma intensa a la jeringuilla. Lydia, por su parte, no quiere volver a poner los pies en esa casa profanada por la serpiente y se traslada a vivir a un hotel. Poco a poco, con el paso del tiempo, se convierte en amante de Marco. Y lo que Marco y el espectador descubrirán demasiado tarde es que no había olvidado a El Niño y que todavía se veía con él justo antes de su accidente fatal.

La presencia del libro *La noche del cazador* sobre la mesilla de noche de la cama del hospital de Alicia, que por cierto ya habíamos descubierto en el *flashback* en casa de su padre, el psicoanalista Rancero, es intencionada. Una vez más, Pedro Almodóvar quiere insistir en la ambivalencia de los sentimientos amorosos que oscilan continuamente, como en *La noche del cazador*, entre el amor y el odio, la verdad y la mentira. Catarina lo explica muy bien con su proyecto de ballet sobre la Primera Guerra Mundial, en el que las almas de los soldados muertos se transforman en bailarinas. «De la muerte surge la ciudad —le dice a Benigno—. De lo masculino surge lo femenino. De la tierra surge el aire.»

Es sin duda debido a esta incesante mezcla entre lo femenino y lo masculino que Benigno declara que «el cerebro de las mujeres es un misterio». Y su cuerpo también, ya que esta constatación se sitúa justo antes de contar a Alicia la película muda que acaba de ver y que le ha emocionado, *El amante menguante*. Esta película muda, de la que la crítica ha hablado largamente, cuenta la historia de dos enamorados, Amparo y Alfredo. Amparo (no olvidemos que su nombre significa «abrigo»), es una química que empequeñece a Alfredo por accidente. Una noche, éste, convertido en liliputiense, sale a explorar su cuerpo, escala su sexo como si se tratara de colinas y se maravilla ante la cueva de su sexo.

Esta vulva gigante (realizada en goma para que la escena resultara menos realista) acaba por absorber completamente el cuerpo desnudo de Alfredo, que penetra en su interior y permanece allí, segun precisa Benigno a Alicia, «para siempre jamás». Esta voluntad de encerrarse en el cuerpo de la mujer dista mucho del mito bíblico de Jonás, tragado por la ballena. En este caso, se trata más bien de volver a los orígenes, una regresión *in utero* y la cara relajada de Amparo indica la casi beatitud del embarazo. Es un pasaje de importancia capital, a la vez que un homenaje al cine mudo, a Murnau por ejemplo. Pero, sobre todo, a Fellini, quien ya en «La tentación del doctor Antonio», un episodio de la película *Boccaccio 70* (1962) había filmado a una Anita Ekberg gigante a punto de tragarse a un Antonio liliputiense. La gigante baudeleriana es, pues, un tema erótico que podríamos bau-

En *Hable con ella*, podría decirse que la reencarnación de Alicia corresponde, en cierto modo, a la muerte física de Lydia, como si, una vez más, una de ellas debiera morir para que la otra resucite.

tizar con el nombre de «complejo de Gulliver» (según el cual el cuerpo se convierte en un paisaje por explorar y amar). Y esta penetración de la mujer por un hombre ridículamente pequeño no hace sino ensalzar todavía más el misterio de la feminidad y de la fecundidad, habida cuenta, además, de que este pasaje sirve de metáfora elíptica para explicar que fue esa noche cuando Benigno hizo el amor con el cuerpo dormido de Alicia.

A partir del anuncio del embarazo de Alicia y la condena de Benigno, el ritmo de la película se precipita. También hay que decir que la reencarnación de Alicia se corresponde más o menos con la muerte física de Lydia, como si una vez más debiera morir una de ellas para que la otra resucitase.

Rosario Flores (Lydia) interpreta en *Hable con ella* a una mujer torero que hace creer que no teme a la muerte para estar al mismo nivel que los hombres.

Y cuando Marco vuelve precipitadamente a Madrid, acepta visitar a Benigno en la cárcel, después va a vivir a su piso y duerme en sus sábanas bordadas con las iniciales AB (Alicia y Benigno, las dos primeras letras del abecedario, como el inicio de un aprendizaje). Se puede decir que, entonces, se convierte en el doble de Benigno. En la cárcel, Pedro Almodóvar hace visible esta similitud, cercana a la unión física, como si el Mismo y el Otro desearan interpenetrarse, filmando sus rostros sobreimpresos en un cristal, el uno convirtiéndose en el otro.

Claro está, Marco no le quiere decir la verdad a Benigno acerca de la muerte del feto, que habría sido niño, provocando, sin embargo, la vuelta a la vida de Alicia, como si la muerte de un hombre en gestación pudiese una vez más devolverle la vida a una mujer. Marco acepa finalmente que el abogado le mienta a Benigno, provocando así su suicidio. Aquí también, por segunda vez, la muerte de uno hace que el otro vuelva a la vida. Marco ayuda entonces a que el cuerpo de Benigno descanse en paz poniendo en su bolsillo, antes de que éste se sumerja en la tierra como en el vientre materno, la

En *Hable con ella,* Dario Grandinetti le da a Marco una fuerza a la vez viril y casi femenina, que lo convierte en un personaje especialmente impactante.

pinza para el pelo y la foto de Alicia, al igual que la foto de su madre. Y, recogido sobre su tumba, le dice entonces la verdad. Como si de este modo ayudara a que el alma de Benigno se libere.

La película acaba como había empezado: en el teatro, aunque Benigno esté físicamente ausente. En escena, vemos otro ballet de Pina Baush, mucho más alegre, mucho más sensual. Durante el entreacto, Marco se encuentra (¿por casualidad?) con Alicia y Catarina. Intercambian unas cuantas palabras, pero el espectador sabe, aunque sólo sea por sus miradas, que una historia de amor acaba de nacer entre ellos. Hay que recordar que antes de abandonar el hospital, Marco se atrevió por fin a hablar al cuerpo inerte de Alicia. El «hable con ella» de Benigno sin duda había funcionado, y la película puede finalizar con el agua brotando, como colofón de una película muy mineral. El agua como símbolo de la fertilidad, una imagen apreciada por Gaston Bachelar y que hace recordar la imagen del nadador en la piscina en el episodio en el que Caetano Veloso canta «Cucurrucucú, paloma» y la humedad del útero reencontrado.

Marina (Victoria Abril) en *¡Átame!* encarna a la perfección un personaje ambiguo, prisionero del deseo del otro y víctima también de su propia pasión.

Este regreso del agua y de la vegetación es subrayado por una danza al ritmo de la música de Cabo Verde, en la que las parejas bailan al unísono y *ad limitum*, evocando esos países exóticos que Benigno había descubierto gracias a la guía sobre Cuba escrita por Marco. Recordemos que este libro estaba junto a Benigno cuando ingirió los barbitúricos para «evadirse». Cuba, ese país del que habla en su carta póstuma a Marco, carta en la que dice parecerse a una mujer asomada a una ventana esperando en vano a su amor. ¿Una referencia al cuadro de Dalí?[55] ¿Fusión de lo femenino y de lo masculino? ¿Transmigración de las almas? La película termina con el enigma de las coincidencias, de la «sincronía» y de la palabra pronunciada: «Hable con ella». «Aquí reside, quizás —escribe Frédéric Strauss—, el secreto de la energía vibrante de este cine que sabe conservar su ingenuidad: emocionarse con imágenes sencillamente fuertes, llenas de sentimientos enteros, primordiales (el amor, el dolor) o sencillamente hermosas, resaltadas con colores primarios y, por otra parte, maduro, como debe ser para confiar en sus propias emociones y aceptar ser conmovido a través de estas imágenes.»[56]

Eros y Tánatos, la tauromaquia y lo sagrado: primer plano de algunos temas fetiches

El sexo, crónica de una muerte anunciada

A lo largo de las entrevistas, Pedro Almodóvar se posiciona claramente: «El cuerpo ofrece placer, pero más allá no hay sino muerte».[57] Y uno de los capítulos de *Patty Diphusa y otros textos* se llama «Sexcrito sobre el viento»,[58] lo cual constituye una referencia irónica a la película de Douglas Sirk, ya que las películas de Pedro Almodóvar suelen ser muy sensuales, pero comportan igualmente un homenaje a Eros y a Tánatos. La más emblemática de todas en este sentido es sin duda *Matador*, en la que el placer de la mujer, al igual que el del hombre, son presentados como una verdadera lucha a muerte, idéntica a la de la tauromaquia. En esta película, por cierto, escuchamos una frase que resonará todavía más fuerte en *Hable con ella*: «Haz como si estuvieras muerta». En esta obra, en efecto, Pedro Almodóvar volverá sobre la tauromaquia, pero ya a lo largo de sus entrevistas con Frédéric Strauss se había explayado sobre ella. Sabemos evidentemente que la tauromaquia se sitúa en el alma de España. Se haya presente, a la vez, en la pintura, con Goya y Picasso, y en el cine y la literatura, concretamente con Ernest Hemingway, artistas que le han dedicado numerosos homenajes. Todo ello antes de que la tauromaquia, debido a la despiadada muerte de los toros, se convierta en caballo de batalla para los protectores de animales, con Brigitte Bardot a la cabeza. «Los toros —declara Pedro Almodóvar— son unos de los elementos más

específicos, más representativos y probablemente más sagrados de mi cultura. Los españoles respectan más el mundo de la tauromaquia que el de la religión. […] Lo único que hice fue poner en paralelo la ceremonia de la corrida y la de las relaciones íntimas entre dos personas para tratar el tema principal
de la película, el placer sexual ligado a la muerte.»[59]

Y lo cierto es que la corrida se parece extrañamente a la relación amorosa, en especial porque transforma al torero en un modelo de virilidad. Éste,
en efecto, vestido con su traje de luces, parece invencible, como si revis-
tiera una armadura, a la vez que frágil, por sus movimientos casi femeninos debido a lo ajustado de su vestimenta, que le impide moverse e, incluso, respirar. Además, ya en los primeros pases, el torero se parece a una mujer
que llama al macho para seducirlo, provocarlo, algo que le da un aura femenina. Toda la película *Matador* gira en torno a estos dos aspectos, femenino y masculino, para mostrar que son totalmente intercambiables. «Los
roles femeninos y masculinos se intercambian sin cesar a lo largo de la película —sostiene Pedro Almodóvar—. En algunos momentos, la mujer es
el torero y, en otros, es el toro. Podría casi decirse que la relación entre los
dos personajes se convierte por momentos en homosexual, debido a la mas-
culinidad de la mujer.»[60] Hay que recordar este análisis para entender también por qué una de las dos mujeres de la película *Hable con ella* es torero.

Pedro Almodóvar indicando
a Antonia San Juan cómo
interpretar el papel del travesti
Agrado en *Todo sobre mi madre*.

Matador gira en torno a los dos aspectos de la psique humana, el femenino y el masculino, para mostrar que también son totalmente intercambiables.

Sin duda, ésta era la mejor forma de mostrar su ambigüedad, su gran feminidad pero también esta especie de debilidad para quien ejerce una profesión de hombre y se comporta un poco como un hombre, pese a seguir siendo esa mujer a quien un hombre enamorado impide hablar de su deseo. Aparece también en oposición con otra mujer, una bailarina: otra forma para ella de mostrarse nietzscheana y de sobrevolar la vida en una especie de estado de ingravidez.

Evidentemente, la muerte forma parte de la vida, y constituye incluso un componente inexorable del amor, tal como los poetas han sabido poner siempre en evidencia. Pero esta idea puede resultar demasiado deslumbrante. Pedro confiesa no entenderla y dice que realiza *Matador* para aproximarse a ella. Por otra parte, existe sin duda algún motivo para que los coros de *Carmen* de Bizet, esta peculiar ópera de toros y de gitanas, canten *ad limitum* la muerte, siempre la muerte. «Cuando empecé a escribir *Matador* —dice Pedro Almodóvar—, quería hacer una película sobre la muerte, la muerte que no puedo ni entender, ni aceptar.»[61] Algo que afirmaba de forma distinta, aunque igualmente categórica, en su antología *Patty Diphusa y otros textos*: «Jamás he entendido nada de la muerte. Sé que existe, pero no consigo entenderla».[62] Y, sin embargo, nos gustaría añadir que sólo hace películas sobre la muerte.

¿Acaso es posible hacerlo de otro modo? ¿Hacer cine no es acaso filmar la muerte en el trabajo, para retomar un poco los términos de Jean Cocteau, si consideramos la pantalla como un espejo cruel que reproduce nuestros rostros y nuestras almas al infinito? Quizás sea ésta la razón por la cual a Pedro le divierte tanto citar otras películas en sus propios films, robarlas, como dice él mismo, como para poner en el punto de mira la historia del cine mundial en su propia obra. Sabemos que propone un extracto de *Duelo al sol*[63] como prolepsis de la muerte de los dos protagonistas, María y Diego, durante su primer encuentro en el cine. «El final de *Matador* —escribe Paul Obadia— reproduce sin lugar a dudas el final de la película de Vidor, con la diferencia de que en esta película se habla del deseo profundo pero no confesado de los personajes, mientras que en la de Pedro Almodóvar la muerte que se dan los amantes en el momento cumbre de la fusión amorosa es proyectada, verbalizada y organizada de forma expresa por la pareja.»[64] Esta muerte de los dos amantes diabólicos se produce sobre una capa roja, desplegada sobre el suelo como una flor. Hacen el amor por última vez delante de una chimenea, mientras suena una canción interpretada por Mina: «Espérame en el cielo, corazón».[65] Entonces, María Cardenal, la abogada, le dice a Diego: «Te quiero más de lo que me quiero muerta». Y lo atraviesa del mismo modo en que anteriormente acostumbraba a hacer con sus amantes, con la orquilla de su moño, como una verdadera torera. Tras ello, a su vez se da muerte con una pistola, murmurando justo antes, como en un orgasmo: «Mira cómo me muero». Es el día del eclipse, el sol tiene una cita con la luna y es nuevamente la luna quien tapa al sol, como para negar todo poder, una vez más, al machismo tan aferrado en España. La imagen de sus dos cuerpos desnudos, abrazados y como abiertos en el último plano de la película recuerda a un cuadro prerrafaelita. Los dos cuerpos destacan sobre el fondo rojo sangre, con una luz rojiza propia del eclipse y de los últimos destellos de las brasas en la chimenea situada frente a ellos. «El rojo está siempre presente en mis películas —dice Pedro Almodóvar—. [...] El rojo, en la cultura china, es el color de los condenados a muerte. Esto lo convierte en un color específicamente humano, ya que todos los seres humanos están condenados a morir. Pero el rojo es también, en la cultura española, el color de la pasión, de la sangre, del fuego.»[66] Ya nos hemos dado cuenta de ello. *Matador*, película escrita al mismo tiempo que la que realizará justo después, *La ley del deseo*, es una variación trágica sobre el tema del deseo que sólo puede desembocar en la muerte, que está presente en toda la obra de Pedro Almodóvar.

En *Matador,* el placer de la mujer, al igual que el del hombre, es presentado como una verdadera lucha a muerte, idéntica a la corrida de toros.

Al poner muy acertadamente las dos películas en paralelo, explica con la gran sutileza que lo caracteriza: «*Matador* ha supuesto un cambio radical y arriesgado. Es la más abstracta de mis películas, aunque habla sin embargo de algo absolutamente concreto: el placer de los sentidos. Es una película muy fina, muy dura, una tragicomedia en la que la muerte es concebida como el motor de la excitación sexual. Con cierta perspectiva, podría decirse que *Matador* es la otra cara de *La ley del deseo*, una película por el contrario muy naturalista y que habla de una abstracción: el deseo».[67]

Y Dios creó a la mujer, pero también la religión

Entre los temas privilegiados del cineasta, hubiera sido de extrañar que la religión (católica, para más señas), no formara parte de ellos. A menudo hemos recalcado que su obra, por lo menos en sus inicios, era intencionadamente iconoclasta y provocadora, con ataques directos a los rituales y usos

La ley del deseo es una película laberíntica que lleva a los dos personajes principales hasta el final de su locura y su pasión: Eusebio Poncela (Pablo Quintero), Carmen Maura (Tina Quintero) y Antonio Banderas (Antonio Benítez).

religiosos. Pese a que Pedro Almodóvar no parece cuestionar la existencia de Dios, pese a que su cine no es en el sentido estricto de la palabra metafísico y que no ofrece ninguna reflexión profunda sobre la fe y el misticismo, podemos afirmar que se divierte bastante con el clero y los símbolos, sin duda por influencia de la movida y precisamente como forma de reacción contra los años de plomo del franquismo. Hay que añadir que Pedro Almodóvar reconoce, sin ningún tapujo, que recibió una educación religiosa y que conserva un pésimo recuerdo de ello; basta con que nos remitamos a *La mala educación*. Se podría añadir que ciertamente su caso no es el único, por lo que cabría preguntarse si la represión inculcada por una educación cristiana demasiado estricta no ha propiciado el nacimiento de algunos genios, como Buñuel y Dalí en España, Bergman en Suecia, y claro está Fellini en Italia, por citar tan sólo unos cuantos. Por otra parte, la semejanza con este último es profunda y no únicamente en el plano de la puesta en escena, como ya hemos apuntado.

Tanto Pedro Almodóvar como Fellini fueron educados por los padres salesianos, pero, curiosamente, sus recuerdos y las consecuencias que sacaron son en el fondo bastante distintos.

El bello rostro de Gael García Bernal que, en *La mala educación*, repite la proeza de Miguel Bosé en *Tacones lejanos*.

Mientras que Pedro Almodóvar conserva una profunda repugnancia, Fellini supo sacar toda la sabia de esa experiencia y utilizar esta sustancia en su cine y en sus escritos. Esto es lo que Pedro Almodóvar nos cuenta sin tapujos al respecto: «Estudié con los curas salesianos, no lo oculto porque odio a los salesianos».[68] Este recuerdo aparece de forma más matizada en Fellini, no exento de una especie de nostalgia y hasta de un ápice de placer. Éste contaba, por ejemplo, refiriéndose a sus años de estudios con los salesianos, que vivían en un convento con interminables pasillos helados,[69] «en inmensos dormitorios con cientos de camas, alumbrados únicamente por una pequeña bombilla roja colocada sobre una puerta oscura como la puerta del infierno. [...] Una vez a la semana, nos obligaban a arrodillarnos en la más completa oscuridad, y cada uno de nosotros debía gritar sus pecados».[70]

Esta atmósfera amenazante, en ocasiones terrorífica, en la que educa al niño y que suele infundirle una culpabilidad extrema, le gustaba mucho a Fellini, quien dijo alguna vez que jamás se cansaba de contar sus recuerdos.

«Es una buena religión la católica, viéndola de lejos, uno vive con el miedo a algo que está constantemente al acecho, que nos observa, nos vigila.»[71]

Pese a que éste intente rebatirlo, es sin duda innegable que la educación religiosa ha marcado profundamente a Pedro Almodóvar. De hecho, su impronta ha sido tal que trata por todos los medios de burlarse de ella como para intentar en vano desprenderse de ella, colocando aquí y allá, a lo largo de sus películas, signos externos de la religión católica e incluso, la mayoría de las veces, imágenes de santos. Así, en casa de Rebeca y Manuel, en *Tacones lejanos*, sobre la tele, podemos ver como reina una estatuilla de san Sebastián.

Igualmente, cuando el juez conduce a Rebeca al depósito de muebles de su madre, podemos observar un buen número de objetos religiosos y es pre-

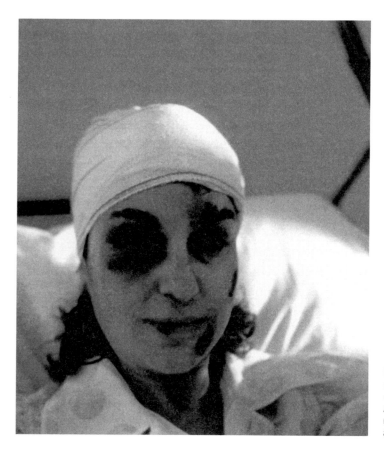

En *Pepi, Luci, Bom y otras chicas del montón*, Pedro Almodóvar da rienda suelta a la provocación.

cisamente en este lugar en donde vuelve a ponerse la barba: como Moisés, como el profeta, como el padre (eterno) en el que se dispone a convertirse. Finalmente, en *Pepi, Luci, Bom y otras chicas del montón*, en casa de Bom, la estatua de un ángel aparece justo en el momento en el que Pepi esnifa una raya de coca. En otras películas, podemos entrever a menudo el cielo, a modo de recordatorio de Dios, que vigila y castiga (*Matador*), pero también el ángel que protege (*Carne trémula*). En *Kika*, recordemos que Paul, el violador porno, ha sido visto por la tele como penitente en Sevilla, por ejemplo. Entre otras imágenes impactantes, recordemos también el altar barroco y luminiscente de la Virgen en casa de Tina, en *La ley del deseo*; el simbolismo de los corazones en dos películas (*¡Átame!* y *Todo sobre mi madre*), concretamente el Sagrado Corazón de María y el de Jesucristo colocados encima de la cama del decorador en *¡Átame!* En esta misma película, el Cristo aparece rodeado de corderos, en un cuadro que decora la cabecera de la cama de Marina, una imagen piadosa que ilustra evidentemente el *Agnus Dei* que borra el pecado del mundo. Evidentemente, Pedro Almodóvar se resiste a que esta alusión sea tomada en sentido estricto como un alivio del cristianismo, y prefiere interpretarla como una alegoría del amor entre dos personas, lo que finalmente no resulta tan dispar. «En *¡Átame!*, volvemos a encontrar la imagen *kitsch* que abre la película, encima de la cama del decorador, donde tendrá lugar la unión de Victoria Abril y Antonio Banderas. «Comencé la película con esta obra religiosa porque me apetecía hablar de la sacralización del matrimonio, no porque esté legítimamente bendecido por la Iglesia, sino porque para mí la unión entre dos personas pertenece al ámbito de lo sagrado.»[72]

Estos ejemplos, aunque sean discretos, indican un cierto apego a la religión, quizás simplemente por el hecho de que Pedro Almodóvar realiza sus películas en España, y que se trata de un país fuertemente influenciado por la cultura religiosa. Pero éste, quizás, no sea un motivo suficiente. Pedro Almodóvar debe pagar un tributo a lo sagrado no para redimirse, sino porque su cine, lo quiera él o no, se inscribe entre los grandes mitos de la civilización y es precisamente lo que le da su fuerza. Así, en *Matador*, no es casual que el eclipse se produzca en el momento de la muerte de los amantes diabólicos, como para sellar la unión de los contrarios y saludar de paso la fuerza de lo sobrenatural. «Todo es sagrado»,[73] afirmaba Pier Paolo Pasolini

Tres planos de *Carne trémula,* con Liberto Rabal, Ángela Molina, Javier Bardem y José Sancho.
El niño sin padre sufre una especie de maldición porque el padre está mudo, ausente, indiferente. Es una de la peores maldiciones que existen, la de vivir sin padre y, por ello, sin referentes.

en *Medea.* Pedro Almodóvar perpetúa esta tradición, la de las películas que nos transportan a una dimensión misteriosa, si no mística, porque ha captado perfectamente la fuerza telúrica y esotérica de la vida, y su inspiración va mucho más allá de la sátira sociológica o del delirio psicodélico que se le han atribuido muchas veces. El principal interesado lo niega, como para guardar a su vez el misterio sobre el origen de su fuerza creadora. Parece querer minimizar el problema de la religión con estas palabras pronunciadas en una ocasión. «Mi experiencia con los curas fue monstruosa, aunque me ha afectado poco. Resulta más original hacer una película sobre monjas que no sea anticlerical. Supongo que, para mí, la religión no debe ser un problema. No la considero como una enemiga contra la que deba luchar. No me siento aludido por todas las tonterías proferidas por Juan Pablo II. Si intentara poner de moda el pecado, no me convertiría por ello en pecador: el pecado ha desaparecido totalmente de mi vida.»[74] Y, sin embargo, algunos pasajes de sus películas parecen querer proclamar lo contrario. No es que Pedro Almodóvar viva en el pecado, o que demuestre una violencia inusitada en el anatema, pero su ligereza hacia su religión no esconde, para nosotros, una especie de fascinación de la que muy poca gente es consciente. Ya hemos señalado que, en *Carne trémula*, hizo que Víctor aprendiese de memoria la Biblia. Éste cita el Deuteronomio, el libro santo por excelencia, ya que retoma el Éxodo, el Levítico y el Libro de los números, incluida la muerte de Moisés antes de entrar en la tierra prometida. Otro ejemplo nos viene a la mente. Se trata de un pasaje

Escena de *Entre tinieblas* con la marquesa (Mary Carrillo) y la madre superiora (Julieta Serrano).

del libro de Truman Capote *Música para camaleones*, dedicado a Tennessee Williams, que Pedro Almodóvar soñaba con hacer leer a su propia madre en la película. Resulta que éste es precisamente el extracto leído por la madre de Esteban, poco antes de que éste muera en *Todo sobre mi madre*. Este pasaje contiene en su esencia uno de los pilares de la fe cristiana, la de los grandes místicos para quienes el don de Dios se acompaña del infierno: «Cuando Dios te gratifica con un don, te gratifica también con un látigo; y este látigo se reserva estrictamente a la autoflagelación».[75] El don de Esteban es el de la escritura, ya que «En el principio estaba el Verbo», el que engendra. Este látigo es su muerte prematura, accidental, antes incluso de que haya conocido a su creador. Esta muerte accidental, en la flor de la juventud, quizás le haya evitado la autoflagelación que habría acompañado su don para la literatura. Por otra parte, el látigo está muy presente en toda la obra de Pedro Almodóvar, podríamos afirmar, sin arriesgarnos demasiado a errar, que sus personajes se encuentran con él tanto como con el don, e incluso en mayor medida. Maldiciones, desgracias, desengaños, culpabilidad y masoquismo, todos los personajes de Pedro Almodóvar atraviesan tormentas y conocen muy pocas veces la felicidad. Así, después de que el toro derribara a Lydia, en *Hable con ella*, su hermana no puede evitar pronunciar esta frase que no expresa más que escepticismo, ella que ya se extrañaba de la falta de moralidad de los sacerdotes actuales: «Sigo poniendo velas a los santos, pero me cuesta mucho tener fe».

El amor hace daño porque no da la felicidad, jamás se nos ha dicho que el amor debía hacernos felices. A la cara radiante de la hermana (extática como la de santa Teresa de Lisieux) se contrapone la infamia de sor Víbora y sor Estiércol. (Carmen Maura, sor Perdida, *Entre tinieblas.*)

Entonces, como para conjurar el destino, nos entregamos a menudo a rituales que supuestamente nos traerán la felicidad o, por lo menos, alejarán el mal de ojo. El propio Pedro Almodóvar lo reconoce, para redimirse enseguida: «Creo en los rituales, pero no creo que haya algo detrás de ellos.»[76]

Sin embargo, cuando le cuenta a Frédéric Strauss la ceremonia que rodeó el funeral de su madre, parece conceder una gran fuerza a dichos rituales. Aunque no demuestren la existencia del divino, expresan sin embargo una conformidad, que inclina a darle la razón a Pascal, que recomendaba a los escépticos que se arrodillaran y rezaran para encontrar de este modo la fe. Un poco en este sentido, Pedro Almodóvar nos cuenta la anécdota de sus hermanas (de las que habla muy poco, por cierto), y que el público probablemente no captó durante la entrega de su Oscar de Hollywood. «¿Sabes en qué consistió la campaña de promoción que hicieron mis hermanas para el Oscar? Poner cirios a los santos. Empecé a enumerar todos los santos ante los que mis hermanas habían quemado cirios, pero la música empezó a sonar y creo que no se me entendió.»[77]

Pedro Almodóvar en el plató de *La mala educación* (Daniel Jiménez Cacho en el papel del padre Manolo): en esta historia todo el mundo está realmente fuera de su lugar o, por lo menos, intenta quedarse con el lugar del otro, incluso suplantarlo. Excepto, quizás, el joven realizador, Enrique Goded (interpretado por Fele Martínez).

Así pues, ¿el anticlericalismo de Pedro Almodóvar es tan iconoclasta como se ha pretendido? En ocasiones puede ser muy violento, pero esconde también un sincero apego al sentimiento religioso, al igual que el maestro italiano Fellini. En efecto, mientras Fellini se burla de la iglesia, concretamente en *Roma* (1972), con su famoso desfile de moda eclesiástica, Pedro Almodóvar llega mucho más lejos, al presentarnos un convento enloquecido en *Entre tinieblas*. Pero no resulta tan evidente que se trate de un ultraje o de una blasfemia. Para él, las hermanas son las que están más cercanas a las palabras del Evangelio, algo que resume de forma un tanto brutal por boca de Agrado en *Todo sobre mi madre*: «A estas monjas sólo les gustan las putas y los travestis». Y que explicita en más detalle a lo largo de sus entrevistas con Frédéric Strauss: «Para mí, *Entre tinieblas* no es una película anticlerical; ésa sería la lectura más inmediata, más fácil. No soy católico practicante pero sé que la vocación de las monjas de mi película es estrictamente cristiana: lo único que intentan es ser consecuentes con las palabras de Cristo sobre el apostolado».[78]

Fruto de las civilizaciones mediterráneas, atrapadas entre el temor y la fascinación, la burla y la adoración, el amor y la bajeza, Pedro Almodóvar demuestra realmente ser el digno sucesor de los maestros que le hemos reconocido hasta ahora: Buñuel, Sirk, Hitchcok, Fellini, Bergman..., todos ellos grandes genios del cine que han podido crear gracias a la presión ejercida por el concepto de errar y el sentimiento de culpa, todos divididos entre las palabras de liberación y de amor de Jesucristo y las palabras angustiosas y terribles, difundidas posteriormente por la Iglesia, favorables a la gestación de monstruos maravillosos, a imagen de este Jesús yacente, inolvidable, de *Nazarín* (1958) de Luis Buñuel. En esta única imagen todo queda dicho. Posteriormente, Pedro Almodóvar necesitará más artificios, pero toda la herencia cultural y religiosa española está allí, tal como lo reconoce él mismo con cierto sentido del humor: «La escuela de los curas, la mala educación religiosa, la geografía y el cine: todo se mezcla en mi vida como los garbanzos, el tocino y las patatas en el cocido madrileño».[79] Una confesión que se materializará finalmente en *La mala educación*, casi una miscelánea en la que el travestismo, la Iglesia y la pedofilia se mezclan en el cine para crear un ambiente tan iconoclasta como desesperanzado.

Unos personajes a la medida de su director: intensos, excesivos y versátiles

Llegar hasta las últimas consecuencias

Los personajes almodovarianos, sin duda al igual que su creador, siempre tienden a llevar las cosas hasta sus últimas consecuencias, a profundizar en todos los recovecos de su personalidad. Son muchos los personajes, pero se podría afirmar que el paradigma de este tipo de personajes ingenuamente atrevidos es Kika. A menudo, la mujer aparece representada como una víctima, aunque posee un sinfín de recursos. Esta voluntad de poner las almas al desnudo no procede únicamente de una especie de falta de pudor, es más bien una forma de practicar una hermenéutica, dicho de otro modo: de la tendencia a una interpretación psicoanalítica «salvaje». Al final de la película del mismo nombre, Kika, tras tirar el anillo que le ha regalado Ramón, su marido, del que sospecha que le ha sido infiel, se cruza con un automovilista con el coche averiado, que le pide que pare. Es joven y apuesto, y se encuentran cerca de un campo de girasoles a lo Van Gogh. No puede llevarlo al pueblo, donde él debe asistir a la boda de su hermana, pero finalmente decide acompañarlo. En este momento preciso, Kika llega al final de las cosas y confiesa que necesita únicamente un «poco de orientación». El joven propone guiarla. Nuevo amor y futura plenitud son oportunidades que hay que saber aprovechar para personajes como Sexilia, que por fin hace el amor con Riza en el avión en

Pedro Almodóvar, nuevo cameraman, en *¡Átame!*

Laberinto de pasiones; como Marisa, que se despierta y dice haber perdido la virginidad al final de *Mujeres al borde de un ataque de nervios*, y como muchas otras. «El personaje, a menudo perdido, desorientado —escribe muy acertadamente Paul Obadia—, cuando no se abandona al curso de los acontecimientos (igual que Leo[80] hasta el episodio del pueblo), parece entregarse más fácilmente al otro, alienar su voluntad, aunque sólo sea puntualmente, en favor de una persona cercana (Bom),[81] incluso al primer llegado (Clara[82] o incluso Kika). Es uno de los méritos de Kika, capaz de expresarlo con total ingenuidad.»[83]

Pedro Almodóvar tiene la fuerza necesaria para llegar hasta el final de las cosas. Según él, su apellido que es de origen árabe y expresa la tenacidad y el carácter obsesivo del realizador para entender a los demás, para ponerlos en escena. También corrobora esto último el afán que el cineasta muestra para fotografiar a diario su calle, una idea que dice haber copiado de la película de Wayne Wang y Paul Auster *Smoke*, en la que las fotos ilustran el cuento de Navidad que Harvey Keitel explica a William Hurt. Capturar de este modo las imágenes es evidentemente el rol de todo fotógrafo, pintor y realizador, como Antonioni en *Blow-up*, por ejemplo, y muchos más. Pero en este caso, se trata de una especie de obsesión que obliga a Pedro Almodóvar a salir cada día para fotografiar su trozo de calle. Fotografiar religiosa, metódica, diariamente, ¿no es acaso una forma de decir que hay que llegar hasta el final de la angustia que se experimenta cuando pensamos que el mundo es algo que se nos escapa entre los dedos? ¿No es también una forma de asegurarnos que el mundo es hermoso y que la vida está llena de sorpresas, del mismo modo que los personajes que inventa cada día y que no han dejado de sorprendernos? «El lenguaje cinematográfico —escribió en noviembre de 1995—, se compone de imágenes que caminan hacia el futuro, aunque las historias que estemos contando se sumerjan en el pasado.»[84]

Victoria Abril, en *Kika,* interpreta a una especie de Juana de Arco moderna, que ilustra perfectamente la toma del poder por la televisión en un mundo turbio e inquietante.

Y las películas de Pedro Almodóvar rebosan de personajes que desean llegar hasta el final. Podríamos citarlos a todos, con el riesgo de resultar aburridos, pero pensemos, por ejemplo, en Víctor, nacido en un autobús al principio de *Carne trémula*, un autobús en el que estaba escrito «precisión absoluta». En ese mismo momento, su madre veía a un ángel, como en *Cielo sobre Berlín* (1987) de Wim Wenders, una alusión apenas disimulada a *Qué bello es vivir* (1946), de Frank Capra. Seguimos pensando en Víctor, que declara querer convertirse en «el mejor follador del mundo», al igual que David, el policía que se ha quedado parapléjico y que se empeña en convertirse en un campeón deportivo en silla de ruedas. Todos luchan por ser los mejores, o en todo caso mejores, un poco como lo hiciera en su día el propio Pedro Almodóvar, convertido en uno de los cineastas más laureados a fuerza de trabajo, pues nada lo predestinaba a desarrollar una carrera semejante. Con un estilo diferente, y también en otro registro, encontramos en *Kika* el personaje de Andrea interpretado por Victoria Abril, que llega hasta el final de las cosas, por medio de sus reportajes delirantes hasta la locura. Con su traje diseñado por Jean-Paul Gaultier, con una cámara dirigible sobre la cabeza, parece un marciano cazador de vida para los *reality* de la tele, que se empeña en perseguir, desenmascarar y filmar lo real para entregar el resultado a través de su cadena de televisión a millones de telespectadores, transformados, voluntariamente o no, en insaciables mirones. Por cierto, una de las frases que pronuncia en una de sus investigaciones *trash* es realmente absurda, resultado de su búsqueda insaciable de la revelación de sensaciones fuertes: «Su nuera, que se encuentra en el cementerio, ¡no piensa lo mismo que usted!».

Todos llegan hasta el final, todos y cada uno de estos personajes sacados de la sección de sucesos o de la fértil imaginación de Almodóvar. Especialmente en esta película, *Kika*, cuyo guión es muy complejo: Ramón, quien intenta comprender por qué su madre ha muerto y no duda en filmar a Kika hasta en su habitación y en su intimidad; Ramón también resucita en dos ocasiones, ya que cada vez que tiene un ataque de catalepsia, Kika lo reanima (esta forma de resurrección anuncia la de Alicia, quien se despertará a su vez del coma profundo en *Hable con ella*); Juana, la sirvienta, interpretada por la increíble Rossy de Palma, y su hermano Paul, el violador porno impenitente. El asesinato es irreversible —en efecto, ¿puede llegarse más hasta

Al cineasta le gusta trabajar en decorado porque se encuentra más cómodo técnicamente, pero también porque el decorado acentúa su lado demiúrgico. Carmen Maura y María Barranco en *Mujeres al borde de un ataque de nervios.*

el final que matando?— y está presente en casi todas las películas de Pedro Almodóvar, ya que «Matar —declara Andrea, la filmadora en serie, haciendo suyas las palabras de Nicholas en el manuscrito que le ha prestado— es como cortarse las uñas de los pies».

La muerte también está presente en *La flor de mi secreto,* cuando el marido de Leo le anuncia que la abandona y ésta intenta suicidarse tomando pastillas. Sale de su letargo gracias a la voz de su madre, que oye a lo lejos en el contestador automático, como si la que le dio la vida pudiese salvarla de la muerte. «La voz de su madre trae a Leo de entre los muertos —declara Pedro—. Esta voz es como un perfume, el aroma de un buen guiso haciéndose a fuego lento en la cocina que se escapa por el pasillo y entra en la habitación de Leo para arrancarla de su último sueño. [...] Y ella piensa "Si me muero, mi madre se muere también".»[85] No debe olvidarse que, probablemente, es en esta película donde la relación maternofilial es más intensa, ya que Leo ejerce en cierto modo la misma profesión que la madre de Pedro Almodóvar, que era escribiente en su pueblo y que se permitía, ante la indignación del hijo, embellecer las cartas y los relatos que se le confiaban. «Tenía tendencia—escribe Jacques Mandelbaum—, a engalanar las cartas que escribía o leía, justificando esta mentira piadosa por la satisfacción que así producía en sus destinatarios.»[86]

Sin olvidar, claro está, a Pepa en *Mujeres al borde de un ataque de nervios*, que quiere llegar hasta el final de su amor por un hombre casado que se burla de ella y no la llama nunca, siguiéndolo hasta el aeropuerto.

Todos y todas están poseídos por una especie de amor desesperado y por una fuerza a la vez inmensa y destructiva, la que explica el arte, las corridas de toros y los crímenes pasionales. España, resumido en una palabra. La que vemos en acción en *Hable con ella*, en *¿Qué he hecho yo para merecer esto!*, en *Laberinto de pasiones*. *Entre tinieblas* ilustra también esta realidad problemática que lleva a los personajes hasta la locura por amor o por pasión, incluidas las monjas, que salvan a las mujeres amándolas y cometiendo actos inimaginables, sin que podamos dudar un solo instante de la

Drama de celos a la madrileña, *Mujeres al borde de un ataque de nervios* pone en escena a mujeres que van hasta el final de sus pasiones, con desmesura.

buena fe de Pedro Almodóvar y de su sentido de lo sagrado. ¿Iconoclasta, como lo califica Paul Obadia? ¿O, sencillamente, alguien que registra la locura ordinaria que nos empuja hasta lo irreparable. Porque los hombres, y sobre todo las mujeres, no entienden nada del amor, del deseo que sigue siendo tan oscuro: *camera obscura* para el cine, cámara oscura para el cuerpo a cuerpo, movimientos de carnes ardientes o inquietas para lo que llamamos modestamente «hacer el amor». Aquello que Pepa, en *Mujeres al borde de un ataque de nervios*, resume de forma admirable: «¡Podemos conocer una moto a fondo, a un hombre, nunca!». Y cuando Gloria, interpretada por Carmen Maura, en *¿Qué he hecho yo para merecer esto!* consiente, excepcionalmente, un revolcón con su marido sólo para poder aplastar la muñeca de feria que decora la habitación. Metáfora del final de toda fecundidad en esta pareja y, ¿por qué no?, en este mundo desprovisto de amor, en el que sólo el hijo pródigo sabrá volver a dar amor al final cuando, al reencontrarse con su madre y darle un beso, le dirá: «Aquí necesitas a un hombre». Otra demostración de esta voluntad de llegar hasta el final de todas las cosas, del mundo y de su absurdidad, como en una película de Pier Paolo Pasolini. Así, en *Pajaritos y pajarracos*, el cuervo parlante evoca al lagarto verde que la abuela, la enternecedora Chus Lampreave, recoge y bautiza como Dinero, ella que es tan tacaña. Huirá del piso en la ciudad para volver a su pueblo en el campo cuando descubra muerto al lagarto (abatido por los policías y lanzado por la ventana), al volver una noche con su nieto de ver *Esplendor en la hierba* (*Splendor in the Grass*, 1961, de Elia Kazan). Claro está, cabría preguntarse por qué la abuela ha recogido un lagarto y no un gato o incluso un pollo perdido en la carretera de circunvalación. El lagarto es el animal prehistórico por excelencia, nos retrotrae a los orígenes, es decir, al campo, para estas familia a quienes la miseria o la necesidad obligaron a emigrar hacia las grandes ciudades. Pero el lagarto también es mágico, un animal extraño y mitológico; es el dragón de las viejas películas de terror japonesas sobre la vuelta a la prehistoria. También es la versión doméstica del dinosaurio de *Jurassic Park*. Y es el animal elegido para representar a los antiguos aztecas en su lucha contra los invasores en *La montaña sagrada*, estrenada en 1973, una película de Alejandro Jodorowsky, en la que Pedro Almodóvar quizás pensó de forma inconsciente cuando colocó un reptil incongruente en una película que él mismo califica como neorrealista.

Esta incursión de un objeto o de un personaje incongruente en la narración hace pensar, claro está, en la concepción de la belleza apreciada por el surrealismo, expresada por Man Ray al parafrasear a Lautréamont en *Los cantos de Maldoror*: «Hermoso como el encuentro entre una máquina de coser y un paraguas en una mesa de autopsias».

Esta incongruencia en las imágenes existe evidentemente en Buñuel. Esta lagartija verde en *¿Qué he hecho yo para merecer esto!*, ya estaba anunciada en la película anterior, *Entre tinieblas*, con la aparición de un tigre en el convento. «El tigre de *Entre tinieblas* —explica Pedro Almodóvar—, no es únicamente un objeto plástico. Para mí, representa lo irracional en la película.

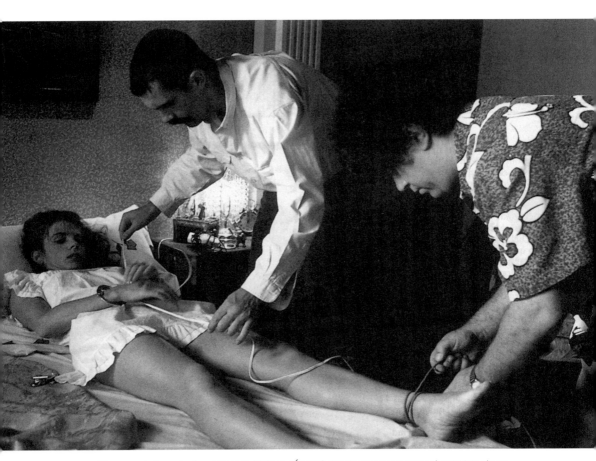

El cuerpo de la mujer (aquí Victoria Abril en *¡Átame!*) puesto en escena como si se tratara de un *bondage,* una metáfora de lo más apropiada sobre el apego que dice sentir por la que ama y a quien, sin embargo, ata.

Aunque su imagen produzca, asociada a la de una monja, un efecto visual que me gusta mucho, el tigre es un elemento esencialmente surrealista que ayuda a entender a algunos personajes, en particular a sor Perdida, interpretado por Carmen Maura.»[87]

Dejar la ciudad para ir al campo, volver a los orígenes. También constituye un modo de ir hasta el final de las co-

Picado sobre los protagonistas encadenados (referencia a Hitchcock) unidos en la cama para lo mejor y lo peor (Antonio Banderas y Victoria Abril en ¡Átame!).

sas. Es éste el camino que van a recorrer la abuela y su nieto en *¿Qué he hecho yo para merecer esto!* También es el que tomará Leo en *La flor de mi secreto*, o incluso Ricky al final de *¡Átame!*, al reencontrar el pueblo de su niñez en ruinas en el momento en el que finalmente conocerá el amor e incluso se topará con tres madres, él que ya no tenía familia. Fue ese mismo camino el que el propio padre de Pedro Almodóvar recorrió antes de morir, volviendo a la casa que lo vio nacer, como ya hemos contado. La gente no vuelve a su lugar de nacimiento porque tiene miedo o porque está en regresión, sino para encontrarse a sí mismos, para ir hasta lo más profundo de sí mismos. Es algo semejante al camino de Manuela para encontrar al padre de su hijo en *Todo sobre mi madre*. Y también es la ruta emprendida por Becky en *Tacones lejanos* cuando decide volver a la portería de su madre, en un entresuelo, como en una tumba, para morir finalmente en paz, o casi. «Es un momento importante —cuenta Pedro Almodóvar a Frédéric Strauss—, porque sitúa socialmente al personaje de Becky del Páramo, entendemos que esta chica nació en un barrio muy popular y con padres pobres y que, pese a la sofisticación en la que vive actualmente, es como un animal que vuelve a morir al lugar en donde ha nacido.»[88] Tanto para Leo como para Becky es preciso volver a las raíces, ya sea para renacer (es el caso de Leo), ya sea para desaparecer (es el caso de Becky). «La madre de Leo —analiza Pedro Almodóvar— le explica que una mujer debe volver al lugar donde ha nacido para reconocer las cosas y reencontrar el sentido a la vida.»[89] En las hermosas palabras que escribió sobre su madre, publicadas en *El País* y en *El Mundo* en septiembre de 1999, Pedro Almodóvar encuentra la forma más sincera de describir los funerales de su madre, precisamente en el pueblo. «Mi madre se habría sentido feliz por la cantidad de ramos de flores que había en el altar y por la presencia del pueblo entero. "Todo el pueblo estaba allí", es lo más bonito que se puede decir en estas circunstancias. Y así fue. Gracias, Calzada.»[90] Esta madre tan querida, justo unas horas antes de morir, había hablado a Agustín y a Pedro de una tormenta, en un día sin embargo soleado. La tormenta, sin duda la prolepsis de otro mundo atormentado, el de las tinieblas de la muerte. Ir hasta el final de las cosas también supone hablar de esta forma de la muerte sobre la madre adorada: «Es el primer día de sol sin mi madre».[91]

No debemos olvidar, entre todos estos personajes que van hasta el final de su deseo, a los que habitan en la película preferida por el propio Pedro Almodóvar, *La ley del deseo*. Película absolutamente laberíntica, resulta difícil describir la trama, pero conviene observar que los dos personajes principales llegan hasta las últimas consecuencias de su locura y de su pasión, por diversos motivos. Pablo Quintero (Eusebio Poncela), el realizador, es quien vive un poco de forma indirecta, pero que, por otro lado, consigue encarnar perfectamente sus fantasmas. Lo vemos concretamente en dos ocasiones: en la primera, al inicio de la película, cuando la voz en off de un realizador, que pudiera ser Pedro, ordena (a cambio de dinero) a un joven al que ha encontrado en la calle que se masturbe.

En realidad, Pedro Almodóvar quiere mostrar aquí la compleja problemática del director de cine, a quien le gustaría que le dijeran que lo desean. Se trata de un problema que se plantea siempre en el cine: la intencionalidad del locutor. El realizador pretende ser igual que Dios, es quien decide sobre sus personajes, como por ejemplo quién tiene que estar enamorado y cómo. «Hay que repetir a este chico las palabras que le gusta escuchar e incluso el tono con el que quiere que se las digan.»[92] Se convierte en director de su propia vida, finalmente. Después, esta situación se va a repetir cuando Antonio descubre una carta de amor firmada por Juan, pero que, en realidad, Pablo se ha enviado a sí mismo. Esta carta, que es por tanto falsa, consigue sin embargo provocar en Antonio unos celos inmensos, de tipo morboso y mortal. Una vez más, encontramos aquí la problemática del director que desea

«Creo que en la persona de Carmen Maura en *La ley del deseo* conseguí la mejor dirección de actrices de toda mi carrera. En el papel del transexual Tina resulta, como mínimo, impresionante.»

dirigirlo absolutamente todo, incluso, y especialmente, su propia vida, llegando hasta las últimas consecuencias de su destino. Por su parte, Antonio, locamente enamorado de Pablo, el director, es un obsesivo patológico. También es él quien, al igual que Becky en *Tacones lejanos*, debería llevar el apellido del Páramo (¿un sutil recordatorio de la paranoia a menudo frecuente en sus personajes?). Antonio, por amor y celos, se va a convertir en un asesino paranoico de los que tanto parecen gustar a Pedro Almodóvar, ya que va a matar a Juan y secuestrar a Tina, el hermano de Pablo convertido en mujer por amor hacia su padre. Suele resultar difícil resumir brevemente algunas películas de Pedro Almodóvar sin caer en una cierta forma de ridiculez. Pero también hay que añadir que las complicaciones del guión sirven sin duda para precisar una historia de amor loca entre dos hermanos que acaban por compartir el mismo secreto y el mismo chico, con la diferencia de que uno de los dos se ha convertido durante este tiempo en un hombre. Algo que el cineasta resume a la perfección con estas palabras: «*La ley del deseo* es, pues, un melodrama hiperrealista, repleto de humor negro y de pasiones rojas engendradas por el sudor del verano madrileño. [...] *La ley del deseo* habla también de este aspecto sentimental de las cosas, pero lo hace en un tono muy diferente del que adopta este tipo de prensa [la del corazón]. Mi película habla también de la fraternidad: cuenta la historia de dos hermanos que comparten el mismo novio, un crimen, un secreto, así como un oscuro pasado familiar común.»[93]

Para concluir este drama, la película acaba con una escena de amor entre Antonio y Pablo, una escena que para Pedro Almodóvar evoca una vez más la unión inevitable entre Eros y Tánatos, pero que no resulta llanamente explicativa. Desemboca en el secreto de la vida y del amor. ¿Cómo es posible amar de esta forma hasta el final, hasta la locura? Paul Obadia analiza perfectamente esta situación: «Hasta el final de *La ley del deseo*, Antonio desnuda amorosamente a su amante, Pablo, antes de hacer el amor con él una última vez, y le dice: "Amarte de este modo es un delito. Pero estoy dispuesto a pagar el precio". La palabra "delito" en la boca del personaje va más allá de lo que la sociedad entiende por tal. El delito está en el origen, incluso antes de que Antonio se haya convertido efectivamente en el asesino de Juan, el antiguo amante de Pablo; el delito remite a ese sentimiento amoroso fuera de toda norma, excesivo, más grande que cualquier otra cosa».[94]

Ésta es precisamente la razón por la que Antonio sólo puede suicidarse después, habiendo llegado hasta el final de él mismo y habiendo obligado en cierto modo a Pablo, el director, a llegar hasta el final de una existencia que él pensaba guiar a su voluntad. Del mismo modo, los amantes de *Matador* se creen dueños de su destino cuando deciden morir tras hacer el amor al final de la película. Metáfora de la imposibilidad para un director de tener siempre la última palabra, como si Pedro Almodóvar confesara de hecho su voluntad de ver cómo sus personajes cobran vida hasta tomar decisiones radicales que lo sobrepasarían. Alusión que nos remite a una confesión que hizo el mismo cineasta a Frédéric Strauss: «Esto me hace pensar en una historia que no he desarrollado, no sé si lo haré algún día, pero que me gusta mucho. Es precisamente la historia de un cineasta que se vuelve mudo en pleno rodaje. Intenta hacerse entender por otros medios, pero los actores aprovechan la ocasión para tomar su revancha contra él, y empiezan a interpretar como a ellos les apetece y se liberan de la esclavitud a la que les sometía la voz del director.»[95] Woody Allen cuenta la historia de un director que perdió la vista *(Un final made in Hollywood)*; Pedro Almodóvar sigue estando, por su parte, fascinado por la voz, por la postsincronización, algo que quizás evoque para él la autoridad paterna, la voz de su amo, una alteridad, una relación en la comunicación con el padre perdido; más adelante volveremos sobre este tema. Antiguo empleado de Telefónica, Pedro Almodóvar tuvo sin duda ocasión de reflexionar sobre el origen de la palabra teléfono: la voz que viene de lejos. Y la del padre viene de lejos, de muy lejos, por no decir que resulta prácticamente inaudible en estas películas que cuentan casi todas ellas historias de hijos sin padre o incluso de madres en búsqueda del padre o, también, como caso extremo, Tino en *La ley del deseo*, convertido en Tina para vivir por fin una gran historia de amor con su padre, quien, finalmente, la ha abandonado. Una trama narrativa que resultaría chocante, evidentemente, en un culebrón, ya que mezcla a un tiempo transexualidad, incesto y sumisión, pero que Pedro Almodóvar consigue, no sabemos por arte de qué don, volver casi pura y, si no natural, sí al menos naturalista.

«Creo que con *La ley del deseo*, conseguí la mejor dirección de actrices de toda mi carrera en la persona de Carmen Maura. En el papel del transexual Tina resulta como mínimo impresionante. Más allá de la apariencia física y del número de circo que consiste en ponerse en la piel de un hombre que se transforma lentamente en mujer... Maura demuestra tanta riqueza que su trabajo parece un auténtico festival.»[96]

El niño que llama a su madre y cuya voz se pierde sin recibir respuesta, es la voz que clama en el desierto de la Biblia. Es otro hijo sin padre, Víctor en *Carne trémula*, quien se le aparece a Elena bajo la máscara del malvado cuando se ha hecho contratar, sin que ella lo sepa, en la guardería donde ésta trabaja. Cita a su vez la Biblia que ha tenido ocasión de aprender de

La ley del deseo mostró al mundo entero el rostro angélico y a un tiempo torturado de Antonio Banderas, convertido después en una especie de prototipo de *latin lover*.

memoria en la cárcel, un pequeño pasaje del texto sagrado que retranscribimos íntegramente para precisar mejor la forma de pensar del personaje: «Pero si no obedeces la voz de el Eterno, tu Dios. [...] Maldito serás tú en la ciudad, y maldito en el campo. Maldita tu canasta, y tu artesa de amasar. Maldito el fruto de tu vientre, el fruto de tu tierra, la cría de tus vacas, y los rebaños de tus ovejas».[97] Bonito subterfugio para revelar la maldición del hijo sin padre, no porque no obedece a la voz, sino porque no la oye o bien porque el padre está mudo, ausente, indiferente. Es una de las mayores maldiciones que pueden existir, la de vivir sin padre, y por ello sin referente.

Llegar hasta el final de la obsesión, significa también y sobre todo para Pedro Almodóvar empeñarse en demostrar que el hombre puede ser «una mujer como las otras», o casi. Éste es concretamente el caso de *Todo sobre mi madre*, y mucho antes de *La ley del deseo*. Y no a la manera de un vodevil, o por lo menos no de forma tan ostentosa y grotesca. Pero de allí a afirmar que Pedro Almodóvar retoma el culto antiguo de lo andrógino y que, a través de éste, trata los temas arquetípicos propios de la cultura de la humanidad hay una distancia considerable, que, sin embargo, Vincent Rémy no ha dudado en franquear. En efecto, a propósito de *Todo sobre mi madre*, escribió: «En una sola escena, emocionante, que bautizaremos como "la aparición de Lola", Pedro Almodóvar le devuelve al transexual su esencia divina, la del andrógino primitivo, hombre y mujer a la vez».[98]

En cuanto a la mujer torero de *Hable con ella*, también se comporta como un absurdo conquistador, que pretende hacer creer que no teme a la muerte y, en la cultura española, se pone al mismo nivel que los hombres: «Pedro Almodóvar impone a Rosario Flores, que se impone a él —apunta Francis Marmande—: su cuerpo musculoso, largo y femenino, delgado como el cuerpo de Arruza y de Dominguín. Cuando se pone el traje de luces, con esos gestos bruscos para ajustárselo, sabemos que es una mujer y un torero».[99] Cineasta de las transmutaciones sexuales, Pedro Almodóvar lo filma también de una forma provocadora, como un macho, como un hombre que reza cuando recibe al toro *a porta gayola* (es decir, a la salida del toril). Como si quisiera morir o mostrarse más fuerte que él, retomando aquí los antiguos rituales paganos de los combates con el toro, con el Minotauro, con la bestia. La mujer y el hombre no son sino dos mitades irremediablemente separadas, que intentan reencontrarse y que llegan hasta el final de esta imposibilidad, hasta lo absurdo, hasta la caricatura o la santidad. Entonces, en esta lucha por la identidad de los sexos, Pedro Almodóvar consigue redibujar en cierto modo la actitud y el pensamiento místico pero con otra orientación. «¿Será Pedro Almodóvar, pese a sí mismo —pregunta Catherine Alegrad analizando *Hable con ella*—, el heredero de los grandes místicos españoles? Después de todo, como le hace decir a Géraldine Chaplin en la última escena, que recompone los elementos de una historia en curso: «Soy profesora de ballet: nada es sencillo».[100]

El lugar del otro, maquillar para desvelar

Por otra parte, en la mayoría de sus películas, Pedro Almodóvar pone en escena unos personajes que desean cambiar de estatus o tomar el sitio de otro, ya se trate de cambiar de sexo, de sustituir una actriz, de escapar de un peligro o de una violación de un padre incestuoso. Se trata de unos personajes en continua evolución, que también permiten que el guión pueda llegar a ser muy complejo, concretamente en *Laberinto de pasiones* o en *Kika*. Entrando en el juego de las apariencias, nos divertimos mucho con Pedro Almodóvar. Estas complicaciones vienen sin duda del hecho de que sus personajes, por no decir sus héroes, quieren continuamente ser otros, ser el otro o ser diferentes, hasta la locura, hasta la muerte. Parecerse a las actrices del cine mundial cuando se es mujer, parecerse a una mujer que seguiría siendo sin embargo un hombre cuando se es hombre, buscar el amor de su madre al tiempo que se desea huir de ella, como en *Tacones lejanos*, los ejemplos abundan. El fantasma almodovariano por excelencia es ciertamente poder ser otro sin dejar de ser uno mismo. Y esta asimilación sólo puede hacerse a través del maquillaje, del travestismo o del intercambio de ropa, como ocurre con los dos personajes femeninos, Sexilia y Queti, en *Laberinto de pasiones*, hasta tal punto que el padre de Sexilia ni siquiera lo reconoce. No vamos a enumerar todos los ejemplos, pero debemos saber que son muy numerosos: ya se trate de dos mujeres, en *Todo sobre mi madre*, Manuela y Rosa, que se hacen pasar por monjas, ya se trate de Ramón, al que confundimos al principio de *Kika* con el hijo de Nicholas pero que, en realidad, no lo es, y además lo odia porque ha matado a su madre.

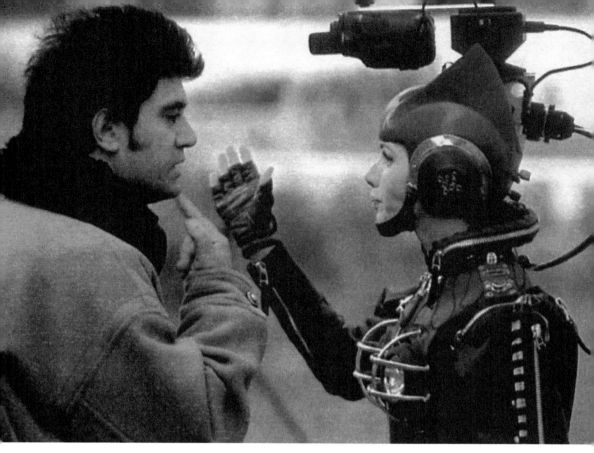

El *cameraman* Pedro Almodóvar frente a la *camerawoman* Victoria Abril, visto por el fotógrafo en el plató de la película *Kika*.

Pensemos también en el malentendido sobre la herida del policía en *Carne trémula* y que provoca el encarcelamiento de Víctor, pese a que éste es inocente. Toda esta compleja gramática da lugar a unas películas muy complejas, con una narración perfectamente construida, y a la creación del «estilo Almodóvar» al que el cineasta debe su fama en el mundo entero. Pero esta dicotomía entre los personajes procede, sin duda, de la obsesión por lo doble del cineasta. No se trata únicamente de dualidad o de «gemelidad», tal como lo hemos podido observar en Fellini. Quizás corresponda a un deseo de fusión o a la voluntad de sembrar la confusión, en unas situaciones poco claras desde el principio, y que tienen tendencia a volverse más opacas hasta encontrar, *in fine*, una especie de desenlace inesperado y clarificador. Ésta sería la utilización que Pedro Almodóvar hace del doble en *Pepi, Luci, Bom y otras chicas del montón*. En efecto, cuando Pepi decide vengarse del policía que la ha violado, envía a sus amigos músicos a buscar pelea. En realidad, a modo de revés burlesco inesperado, el policía tiene un hermano gemelo y es éste quien recibe la paliza.

Incluso llega a producir la sensación de que juega con muñecas rusas, ya que las referencias están totalmente imbricadas las unas en las otras, y no únicamente las heredadas del cine. Para ofrecer algunos ejemplos, tan sólo en *Todo sobre mi madre*, una de sus películas más ambiguas, podemos encontrar varios indicios en este sentido: Agrado en el escenario cuenta sus múltiples operaciones estéticas y su coste, pero es también Agrado la que afirma con gran seriedad que «a los hombres les gusta que tengamos tetas y una buena polla». También la foto que Manuela enseña a su hijo, Esteban, y en la que falta la mitad: la parte del padre ausente. Y, finalmente, el corazón de Esteban, que va a seguir latiendo en el pecho de un desconocido. Estos ejemplos, tomados en una sola película, constituyen la prueba de la voluntad de Pedro Almodóvar de situarse siempre en una especie de ambigüedad, como si la vida no tuviera final, como si las personas estuvieran sin cesar en búsqueda de otra cosa, de su mitad, de su ideal, de su vida perdida y jamás encontrada. Así, en *Patty Diphusa y otros textos*, Patty discute con Pedro: «Entonces, ¿yo soy tu propio reflejo? ¿Esa cosa horrible que llamamos un *alter ego?*».[101] El *alter ego,* el doble, entendemos que sólo puede ser horrible, ya que, finalmente, no es sino el reflejo de nuestro yo más profundo, ya que el espejo no miente. Por ejemplo, en *Todo sobre mi madre*, al despertar, tras la pelea del día anterior que la ha desfigurado, Agrado se mira en el espejo del cuarto de baño y dice: «¡Me parezco al hombre elefante!». Finalmente, para acabar de convencer al lector, podríamos citar el epígrafe al final de esta misma película, en la que parecería que Pedro Almodóvar se compromete a dedicar su película a todos los que desean ser diferentes de lo que la naturaleza les ha condenado a ser: «A Bette Davis, Gena Rowlands, Romy Schneider. A todas las actrices que han interpretado a actrices, a todas las actrices que interpretan, a los hombres que interpretan y se transforman en mujeres, a todas las personas que desean ser madres. A mi madre».

Finalmente, a excepción de su madre, aunque ésta también haya hecho de actriz, la película está dedicada a todas las personas que juegan a ser alguien diferente, a transformarse como si fueran seres en continua evolución o personajes de novela o guiones que el narrador y el escritor puedan modificar en cualquier momento. Cambiar, interpretar, dar a luz, es lo que parece regir el cine de Pedro Almodóvar. Esto forma parte de una psicología tan complicada, de una alquimia tan misteriosa, que llega a impregnar hasta la elección de los intérpretes. Así, Agrado, en *Todo sobre mi madre*, es interpretada por una mujer de verdad, Antonia San Juan que, al igual que Rossy de Palma, encarna el estilo chica Almodóvar. Ocurre lo mismo con Tina en *La ley del deseo*, un transexual interpretado por una mujer, una actriz absolutamente femenina, Carmen Maura. Por el contrario, en esta misma película, Pedro Almodóvar elige para interpretar el papel de madre de una niña a un verdadero transexual, Bibí Andersen, cuyo nombre evoca a una actriz de Ingmar Bergman... Del continuo juego de contrarios por el cual Lola, el travesti que fue esposo de Manuela (la bella Cecilia Roth, la ninfómana de *Laberinto de pasiones*), puede tener hijos con un hombre, estableciendo un verdadero y propio laberinto de significados. Sin embargo, para interpretar a Lola (antes Esteban), Pedro Almodóvar ha elegido un actor masculino que se parece, curiosamente, a Miguel Bosé en el papel de Femme Letal, en *Tacones lejanos*. Este hombre, convertido en mujer y hombre a la vez, cambiando el nombre de Esteban por el de Lola, se va a morir para poder así dar la vida: «Si para Lola —escribe Paul Obadia— la muerte efectiva es el paso obligado para la humanización, para Manuela es la experiencia íntima de la muerte (primero la muerte de su hijo, después la de Rosa, por la que al derrumbarse todo a su alrededor, el personaje muere en sí mismo) lo que permite su regreso al mundo de los vivos».[102] Es una situación compleja que Pedro Almodóvar elige aclarar mediante la contestación que Manuela le da a la madre de Rosa cuando le dice que la ha visto con una mujer extraña en el bar, poco tiempo después de la muerte de su hija y del nacimiento de Esteban. Manuela le contesta: «¡Esta mujer es su padre!». En efecto, por muy absurdo que resulte aparentemente esta réplica, explica perfectamente las relaciones entre Lola, Rosa (que acaba de morir), Esteban y su bebé. Pero a los ojos de la madre de Rosa este hombre-mujer no tiene derecho a seguir vivo. «¡Este monstruo es quien ha matado a mi hija!», grita la madre, incapaz de aceptar la ambigüedad, la falsedad en las relaciones humanas, ella que es una artista de la falsificación, según las propias palabras de Pedro Almodóvar, puesto que pinta falsificaciones de Chagall.

Estas transiciones de un cuerpo a otro, de un estado a otro, ¿realmente forman parte de lo que Paul Obadia llama «el reciclaje» o «la encarnación»? Lo cierto es que Pedro Almodóvar necesita esta ausencia de referentes para poder crear un universo que trascienda a la vez a los sexos y a las identidades. En ámbitos diversos, abundan los ejemplos: Víctor, en *Carne trémula*, puede ser a la vez un joven virgen cuya madre era prostituta y querer convertirse en «el mejor follador del mundo»; en la misma película, David el policía hemipléjico se convierte en campeón de baloncesto; en *Kika*, Nicholas llama a una esteticista, precisamente a Kika, para maquillar a su hijo supuestamente muerto y a quien ésta devolverá, en dos ocasiones, la vida; Gloria, en *¿Qué he hecho yo para merecer esto!*, ama de casa que en el gimnasio mira cómo se ducha un hombre desnudo y que acabará queriendo hacer el amor con él, pese a su impotencia; Sexilia y Queti finalmente que intercambian sus ropas y sus personalidades en *Laberinto de pasiones*. Estos fragmentos, estas inversiones encuentran de este modo su punto álgido —así como su límite— en *La mala educación*.

El flamenco fogoso y apasionado en *La flor de mi secreto,* unión de los cuerpos y las almas, es lo que le da sentido al cuerpo del hombre, deseable y deseado.

Esta continua mezcla, esta voluntad de querer siempre apoderarse del lugar del otro y de maquillarlo para que parezca más verosímil, obsesionan tanto a Pedro Almodóvar que llegó incluso a crearse un *alter ego* femenino, lo hemos visto. Se trata de Patty Diphusa, cuyo nombre aparece en las páginas interiores de una revista ojeada en la terraza de un bar en *Laberinto de pasiones* y que lleva por título: «Patty Diphusa, la estrella del porno». En *La flor de mi secreto*, el reciclaje es todavía más sofisticado y merece la pena detenerse en él. Leo ya no quiere publicar más novelas edulcoradas bajo el pseudónimo de Amanda Gris, y Ángel, que trabaja en el periódico *El País*, sin saber quién es ella, le propone escribir bajo otro pseudónimo para denunciar el estilo de Amanda, «más de dactilógrafo que de escritor», en el sentido de Truman Capote. Los artículos le parecen bastante severos a Ángel, ya que es un fan de Amanda Gris, pero pese a ellos los publica. Y cuando Leo lee en el taxi su artículo en el periódico, titulado: «Amanda Gris es una buena mecanógrafa», la cámara de Pedro Almodóvar nos revela que está firmado por Paz Sufrategui. Y Paz, en realidad, es la secretaria del propio Pedro Almodóvar. Hay que precisar que en este mismo periódico, otro artículo firmado con el pseudónimo de Pachi Dermo resulta, por el contrario, muy favorable a Amanda Gris. Luego descubrimos que es de Ángel, quien, cuando conocerá a «la flor de su secreto»,[103] empezará a escribir novela rosa en lugar de Leo y se convertirá en algún modo en Amanda Gris, como si en el ámbito de la literatura el hombre pudiese ser tan sensible como la mujer.

También podemos analizar otros dos ejemplos relativos a los nombres: en *Todo sobre mi madre*, descubrimos sobre la puerta de un camerino el nombre de la actriz de la que Huma Rojo está enamorada. Podemos leer Nina Cruz, el mismo apellido que Penélope Cruz, que interpreta a sor Rosa en la película y que va a morir al dar la vida. Igualmente, la estrella Marisa Paredes, intérprete de la obra *Un tranvía llamado Deseo* y también del homenaje a García Lorca dirigido por Luis Pascual, se llama Huma Rojo en la película, un nombre que evoca a la vez la humanidad y el color rojo, a modo de simbiosis entre lo masculino (Rojo) y lo femenino (Huma).

La realidad y la ficción aparecen también íntimamente imbricadas, hasta tal punto que nos enteramos también en *La flor de mi secreto* de que Bigas Luna prepara una película basada en una novela de Amanda Gris,

La cámara fría, sin haber pedido autorización para ello. Parece ser incluso que el propio Pedro Almodóvar cae en la trampa de sus ficciones. Él nos cuenta, en efecto, que un día en París había comprado un par de botas que no conseguía sacarse una vez llegado a su hotel. Al igual que Leo en *La flor de mi secreto*, como contó en noviembre de 1995: «Sentí miedo. ¿Significará eso que cada vez que me ponga unas botas tendrá que estar Imanol Arias —marido de Marisa en la ficción— a mi lado? O, entonces, ¿debo dejar de filmar películas en las que los personajes sufren?».[104]

«Mujeres, os quiero»

El lugar que ocupan las mujeres en el cine de Pedro Almodóvar podría entenderse quizás a través del extracto del diálogo de *Matador*, en el que una mujer, sorprendida en el lavabo de hombres, exclama que no hay que fiarse de las apariencias. En efecto, Pedro Almodóvar multiplica en su obra los ejemplos en este sentido, que intentan demostrar que la barrera entre hombres y mujeres es tenue, pese a que la mayoría de las veces nos muestra a hombres que quieren convertirse en mujeres y no al revés. Fascinado por la mujer fatal, el icono del cine de Hollywood, a Pedro Almodóvar, al igual que a muchos homosexuales, no le gusta poner lesbianas en escena. Siempre que lo hace parece que sea para ridiculizarlas. Recordemos a Pepi, en *Pepi, Luci, Bom...,* quien utiliza a Luci, la mujer del policía que la ha violado, y que se convertirá muy pronto en la víctima consentidora de las pulsiones sádicas de Pepi y de Bom. Pensamos también en Nicholas, que, en Kika, intenta escribir la historia de una asesina en serie lesbiana, conformando una vez más una sátira. Es la madre superiora de *Entre tinieblas,* quien se enamora locamente de Yolanda, la cantante de boleros yonki que ha encontrado refugio en el convento de las Redentoras Humilladas. Finalmente, no dejemos de observar la unión devastadora entre Huma Rojo (Marisa Paredes como mujer fatal), y Nina Cruz, esa joven actriz toxicómana, pasión que sólo puede llevarla hacia la destrucción y que, finalmente, se acabará.

Pero el deseo de Huma se dirige sin embargo hacia las mujeres, a quienes confía: «¡Hace siglos que no chupo una polla!». Éstas son, prácticamente, todas las referencias a la homosexualidad femenina, a excepción de

Abuso de gazpacho con Orfidal en *Mujeres al borde de un ataque de nervios*. Los personajes se duermen rápidamente y tienen bonitos sueños. Aquí, Carmen Maura y Rossy de Palma.

algunas alusiones en otras películas, como Juana, quien, en *Kika*, confiesa que es lesbiana, lo que no le ha impedido hacer el amor con su hermano para evitar que «viole a todas las vecinas». En estos ejemplos, nos encontramos a menudo más cerca de la farsa burda que de la psicología fina, y es precisamente cuando abandona este aspecto más frívolo, que sin embargo está en la base de su éxito, cuando Pedro Almodóvar consigue convencer de verdad. Actualmente, en efecto, pone más bien en escena historias de mujeres que sufren a causa de los hombres, que son amigas o van a serlo, e intenta recrear especies de gineceos donde éstas se sienten más seguras. En suma, una profusión de mujeres, madres, amantes o desesperadas que hace que Pepa diga, en *Mujeres al borde de un ataque de nervios*: «¡Me voy, aquí hay demasiadas mujeres!». Éste no es el caso de una de sus últimas películas, *La mala educación*, enteramente interpretada por hombres.

La mujer aparece encerrada en su pareja; por ejemplo, la vemos filmada por una cámara colocada en el interior de electrodomésticos, como es el caso de Gloria en *¿Qué he hecho yo para merecer esto!* La mujer es herida y traicionada por el hombre al que ama o cree amar, como en el caso de Pepa, quien no puede evitar amar a Iván en *Mujeres al borde de un ataque de nervios*, película en la que Pedro Almodóvar pone también en escena a Candela, a quien busca la policía, ya que está enamorada de un peligroso terrorista chiíta. La mujer, como Rebeca en *Tacones lejanos*, busca desesperadamente el amor de una madre egoísta y soberbia, hasta que se queda embarazada del travesti que imita a su madre en las discotecas. La madre es también una mujer destruida, en *Todo sobre mi madre*, que ha perdido a su único hijo y que parte a la búsqueda del padre de su hijo, convertido durante estos años en una mujer —este último tendrá la oportunidad, antes de morir a su vez, de darle otro hijo por caminos transversales—. La mujer también puede aparecer dormida en un profundo Leteo, y volver a despertar únicamente por amor, como es el caso de *Hable con ella*. Tan sólo la mujer de *Matador*, María Cardenal, es una mujer asesina y sádica, con una furia parecida a la de los hombres y que desarrolla una profesión de abogado, una profesión que no permite que «le gusten los trapos». Finalmente, y por encima de todo, la mujer puede ser un hombre, como es el caso de Tino, convertido en Tina en *La ley del deseo*, personaje interpretado como ya hemos dicho por una mujer, Carmen Maura. Podríamos multiplicar estos ejemplos hasta el infinito pero, tal como sabemos, el personaje femenino en la obra de Pedro Almodóvar es una mujer enamorada y, en cierto modo, se parece a su creador. Por otra parte, alimentado por su pasión por el melodrama y la fotonovela, sin que sepamos demasiado bien qué influencia ejercen ambos en su obra, constatamos que, sin complejos, Pedro Almodóvar convierte el amor en una especie de credo. Así, en *Patty Diphusa y otros textos*, una noticia lleva por título «Sin amor, la vida no se llamaría vida».[105] Y el director de cine obseso sexual de *¡Átame!*, que fantasea con el culo de Marina, tampoco está equivocado. Está rodando una película de horror y de amor, los dos polos de la existencia que más fascinan a Pedro Almodóvar y que no son, en absoluto, antitéticos.

La más hermosa metáfora sobre el amor de las mujeres es quizás la que nos brinda en *Kika*, en el momento en que la cámara de Pedro Almodóvar filma la luna llena en el cielo, a la manera de su maestro Luis Buñuel en *Un perro andaluz*, cuando la luna es atravesada por el filo de la nube, como el ojo de la mujer adorada es sesgado por una navaja. En *Kika*, en cambio, el plano siguiente nos muestra la puerta redonda de la lavadora que, ciegamente, va lavando la colada. Cada uno puede realizar su propia interpretación de esta secuencia, ya que el autor no nos proporciona ninguna pista real, pero la elipsis resulta sin duda elocuente, entre el sueño y el erotismo sugerido por la luna y el aspecto prosaico de la mecánica doméstica que condena a las mujeres a una especie de esclavitud robótica.

En la misma película, por cierto, esta fascinación por el secreto que habita en las mujeres bajo una apariencia en ocasiones anodinas, se vuelve a encontrar en el voyeurismo de Ramón, que observa y filma a su mujer Kika en la intimidad, como lo haría un entomólogo. Sin embargo, en *Kika*, existe una especie de misterio en el estudio que ocupa Nicholas encima del domicilio conyugal de Kika y de Ramón. Vimos a una mujer desconocida en el balcón y adivinamos que es quien hace el amor con Nicholas cuando la araña del dormitorio situado en el piso de abajo se tambalea. Al final, tan sólo descubriremos su cuerpo asesinado. Este misterio de la mujer está muy presente a lo largo de esta película ya que no debemos olvidar que Kika ha devuelto la vida en dos ocasiones a Ramón, el taciturno en búsqueda de la verdad sobre la muerte de su madre. Sin embargo, al final de la película, un poco cansada, ésta lo abandonará para intentar rehacer su vida y conocerá a otro hombre.

¿Para nuevas decepciones? La casa que la madre de Ramón compartía con Nicholas, su padrastro, pretendía ser la casa de la felicidad, pero ya en el nombre que le había puesto, *Youkali*, despuntaba como una filigrana la presencia de la desgracia. «Youkali», es una canción de Kurt Weill escrita en los años veinte para una cantante francesa de cabaret, y que habla de un país idílico, el país del amor compartido: «Youkali es el país de mi deseo, Youkali es la felicidad, es el placer»… El final es muy distinto: «Pero es un sueño, una locura, no hay ningún Youkali».[106]

A menudo, la mujer es representada como una víctima, aunque también con muchos recursos. Esta voluntad de poner las almas al desnudo no procede únicamente de una especie de falta de pudor, sino más bien de una manera de practicar una forma de psicoanálisis. Rossy de Palma, Alex Casanova y Peter Coyote en *Kika*.

La mujer no puede pues vivir sin los hombres. Y lo que el hombre cree saber sobre ella no es producto de su fantasía. Así, el hombre y la mujer conforman dos partes casi irreconciliables que sin embargo no pueden vivir el uno sin el otro. «Todo lo que un hombre sabe o cree saber sobre una mujer —escribe María de Medeiros—, todo lo que él vive con ella, no es más que pura proyección.»[107] Jugando con maestría con el trampantojo, las últimas películas de Pedro Almodóvar nos muestran pues la desgracia que habita el destino de las mujeres. «No hay mayor espectáculo que el de una mujer llorando», decía hace años Pedro Almodóvar. Sí que lo hay: quizás el de varias personas que lloran. Manuela, Rosa, Huma y Lola lloran. No juntas, pero una después de otra, con lágrimas contenidas, sollozos reprimidos, porque sus destinos se enredan inevitablemente, conformando «un drama desmesurado, barroco, con personajes llevados al extremo, maltratados por el azar».[108] Y entre todas estas mujeres que lloran, tratándose de los personajes de *Todo sobre mi madre*, resulta interesante observar que se encuentra Lola, que es ante todo un hombre, puesto que ha podido dejar embarazada a sor Rosa. El hombre se convierte en mujer porque quizás trate de aproximarse lo más posible al secreto femenino. Se ha especulado mucho sobre la transexualidad en las películas de Pedro Almodóvar. Se trata en realidad de dar cuerpo a un fantasma masculino, convertirse en mujer en apariencia, pese a seguir siendo fundamentalmente un hombre. Parecería que estas situaciones barrocas sean muy propias de una época como la que vivimos, en la que todo se mezcla. «Lola, vestida de mujer —constata Pedro Almodóvar—, puede decirle al niño: "Te dejo una herencia muy mala", y le pregunta a Manuela si puede besar a Esteban. Manuela le contesta: "¡Claro está, hija!". Le habla en femenino con toda naturalidad. Esta familia atípica evoca para mí la variedad de las familias que son posibles al final de este siglo.»[109] Hombre, mujer, modo de empleo, contestaría Claude Lelouch. Pero con Pedro Almodóvar, no hay juicios de valor, no hay recomendaciones, tan sólo la constatación de la dificultad de amar, de la difícil elección de la vida. Pedro Almodóvar dice por cierto haberse inspirado en sucesos reales y parece haber devuelto al cine el deseo de poner en escena a travestis, como Merzak Allouache en *Chouchou*, que cuenta las aventuras de un encantador travesti. Pedro Almodóvar se acuerda de un travesti que, en el barrio de la Barceloneta, regentaba un chiringuito con su mujer, a quien prohibía llevar minifalda, cuando él iba sólo con bikini. Es también la anécdota del travesti de cuarenta y cinco años que se prostituía con su hijo, no mayor de veinte, y también travesti. El machismo, ya lo hemos comprobado, puede ir por caminos transversales. Así, como ya hemos dicho, en *Tacones lejanos*, Femme Letal, imitadora de Becky del Páramo, la mujer fatal, es un personaje al que Pedro Almodóvar ha asociado, a un tiempo, la feminidad y la muerte mediante la aposición de la palabra letal. ¿Será porque

El papel de Agrado, en *Todo sobre mi madre,* es interpretado por una verdadera mujer, Antonia San Juan, quien, como Rossy de Palma, encarna el estilo «chica Almodóvar». Para Pedro, el dolor es como una religión que nos permite a todos comunicar. «Usted se cree que la vida es fácil —dice Pepa en *Mujeres al borde de un ataque de nervios*—, pero también hay que saber sufrir.»

la mujer ha muerto en él o porque la vida debe pasar por la muerte de este fantasma femenino? Lo cierto es que al final de la película, tras haber dejado embarazada a Rebeca, éste se irá a vivir con ella bajo su identidad masculina, la del juez Domínguez, como si la mujer que vivía en él se hubiera muerto definitivamente.

El dolor de las mujeres es ciertamente muy distinto. Se compone más de lágrimas que de trasformaciones, sobre todo las de Marisa Paredes en el papel de Leo en *La flor de mi secreto*, lágrimas que no son nunca las mismas: lágrimas de debilidad, de amor, de nostalgia, de impotencia o de emoción. Lágrimas también por la madre ausente, la madre perdida, la que nos ha traído al mundo y que fatalmente también se irá. La fuerza de Pedro Almodóvar reside sin duda en el hecho de haber sabido, mejor que nadie, hacer que todas estas lágrimas resulten creíbles y conmovedoras, sin caer en el *pathos* o en lo ridículo. Pero también en haber sabido dar a los hombres mayor debilidad y situarlos en situaciones ambiguas, sin caer tampoco en lo grotesco al estilo de *La jaula de las locas*. «La gente acepta la imagen de un padre con pecho, lo ven sin prejuicios en la película. Éste es mi triunfo. Por ello, la sobriedad era muy importante. Sobre todo porque con el personaje de una madre que ha perdido a su hijo, si no se está alerta, puede haber lágrimas de principio a fin de la película. Por ello, esta madre sólo llora en determinados momentos y, en todos los demás, lucha contra sus lágrimas.»[110] ¿Puede haber una forma más hermosa de decirle a las mujeres que se las quiere que retratándolas con tanta sensibilidad? Un retrato en el que cada uno, hombre o mujer, sabrá reconocerse, que no niega el dolor y el sufrimiento presentes en toda vida, en todo destino.

Como una vaca sin cencerro, «el mundo está colocado»

Almodóvar disfruta mucho demostrando que el mundo está loco, que el mundo está «colocado», también en referencia a los años de la movida madrileña durante los que se consumía mucha droga, como para atontarse y tener la ilusión de que se podía recuperar el tiempo perdido. El mundo está loco también es una referencia al surrealismo, tan apreciado en el cine español, como si la vida no fuera seria, como si todo tuviera que ser modificado bajo el prisma de nuestra fantasmagoría, en detrimento de una vida real demasiado banal. «Dalí y el Papa —escribe Pedro Almodóvar hablando de la idea inicial de *Laberinto de pasiones*— se encontraban en Madrid y vivían una gran historia de amor.»[111] He aquí, por ejemplo, un buen punto de partida para una película arriesgada que Pedro Almodóvar no utilizará, aunque, sin duda, habría podido hacerlos si nos remitimos al espíritu totalmente provocador de sus primeros guiones, más cerca de lo punk que del melodrama que, preferentemente, utiliza en la actualidad. En sus películas, a menudo, un peque-

El teléfono es un medio de comunicación muy útil en las películas de Pedro Almodóvar, aunque constituye en sí mismo un fracaso de la comunicación. En la imagen superior, la madre, Chus Lampreave, en *La flor de mi secreto*. En la inferior, cara a cara entre un hombre joven (Joaquín Cortés) y Leo, mujer madura (Marisa Paredes), en *La flor de mi secreto*.

ño detalle o un fragmento de diálogo ilustran perfectamente esta voluntad de mostrar la estupidez del mundo o, sencillamente, su lado absurdo, incluso poético. Un mundo vacilante, sorprendente. Se trata, por ejemplo, en *Carne trémula*, del felpudo en la entrada del piso en el que se puede leer «Bienvenido» puesto del revés, como una alusión al ambiente de la película, llena de celos y de ajustes de cuentas. Efectivamente, ni siquiera el espectador es bienvenido. El montaje de las imágenes también resulta a menudo desestructurado, para dar la impresión de un mundo en continuo desequilibrio. Es el rostro de Manuela cuando asiste a la muerte de Esteban en *Todo sobre mi madre*; es el plano de los amantes filmado entre las puertas abiertas de Víctor al final de *Carne trémula*; es la diferencia de talla entre Rebeca y su madre, en el juzgado, en una habitación que se parece a una iglesia, o la de Rebeca y del juez, siempre en *Tacones lejanos*, que hace que Rebeca resulte todavía más infantil y vulnerable.

Citar, finalmente, los cuerpos multiplicados por el placer, como en un caleidoscopio, de Ricky y Marina cuando por fin hacen el amor en el piso de al lado en *¡Átame!* Esta desestructuración de la imagen y del plano resulta de lo más oportuna para poner en evidencia la imposibilidad de la reciprocidad del amor entre dos seres humanos. Así es como debe leerse la imagen de los rostros troceados en el pasillo del piso de Leo cuando su marido acaba de anunciarle que la deja en *La flor de mi secreto*. «Quiero hablar sobre la necesidad absoluta —precisa Pedro— de sentirse deseado y el hecho de que, en esta ronda del deseo, es muy raro que los dos deseos se encuentren y se correspondan, lo que constituye una de las grandes tragedias del ser humano.»[112] Por el contrario, siempre en *La flor de mi secreto*, cuando Leo visita a Ángel en el periódico, los cristales de la entrada multiplican sus siluetas, presagio de un amor a punto de nacer.

Entonces, para combatir el bombardeo de lo real, algunos personajes recurren a la droga, para resistir, para olvidar pero nunca para soñar. La droga, para Pedro Almodóvar, raras veces es sedante. Es un peligro que acentúa el lado oscuro y excesivo de la vida. Estos personajes a la deriva, a menudo neuróticos, perdidos, consumen drogas, las buscan desesperadamente, como Marina en *¡Átame!* aunque desee liberarse de ella. Atracción, repulsión, la droga es un monstruo frío y ambivalente. «La cocaína seca las lágrimas —dice Sancho en *Carne trémula*—, te enfría el corazón.»

Además, en sus vidas no sólo hay cocaína, también existen fármacos que se pueden encontrar en las farmacias de guardia o en el mercado negro y a los que se supone la capacidad de hacer que la vida resulte más ligera, dar marcha, sumergir en suma en la ilusión al que los toma. A menudo, además, son las mujeres las que se entregan a estos placeres solitarios en las películas de Pedro Almodóvar. Pensamos en Leo, que intenta suicidarse con tranquilizantes en *La flor de mi secreto*, pero también en Pepa recorriendo la ciudad entera en *Mujeres al borde de un ataque de nervios* para encontrar Orfidal. Algo así como el sueño de Morfeo, que, diluido en un buen gazpacho, se convierte en un elixir capaz de dormir a las bellas durmientes como en un cuento de hadas punk. «El gazpacho de la película —indica Almodóvar— es como un elixir mágico que cambia la vida de la persona que lo bebe y hace que ésta acceda a otro mundo, como en *Sueño de una noche de verano*.»[113] En *¿Qué he hecho yo para merecer esto!*, ya no se trata de calmar el amor, sino de apaciguarlo, y para ello —se decía entonces—, nada como un buen Maxiton.

Gloria los busca por todas partes, y se los ofrece incluso a su familia, en un ambiente muy al estilo de *Feos, tontos y malos*, como para cortar el apetito. No resulta extraño que después de todo, su joven Toni se haga camello. Sin embargo, también es él quien le recomienda que deje de drogarse antes de subirse al autobús que lo llevará al pueblo. En *¡Átame!*, la búsqueda de la droga se nos muestra como una especie de esclavitud peligrosa, en la que el tierno e ingenuo Ricki se va a enfrentar a una farmacéutica desconfiada, a camellos poco recomendables e incluso al médico de Marina, que consiente en ponerle una inyección para aliviar un supuesto dolor de muelas. La droga desaparece por fin cuando Marina se enamora de Ricki, su en-

Mujeres al borde de un ataque de nervios quería ser una adaptación del monólogo de Jean Cocteau *La voz humana,* ya llevado a la pantalla por Roberto Rossellini, con Anna Magnani, en *L'amore* (en la imagen, Carmen Maura).

cantador carcelero. No encontraremos el mismo final feliz en *Todo sobre mi madre*, ya que Nina, que busca del mismo modo la droga en Barcelona, no puede desempeñar más que un papel nefasto para Huma Rojo. La situación queda perfectamente definida con unas palabras: «Nina está enganchada a la heroína como Huma está enganchada a Nina». Ciertamente, el cine no acostumbra a hablar con tanta crudeza del amor y de la droga. Además, ambas temáticas son tratadas algunas veces de forma totalmente inmoral. No tenemos que olvidar, en este sentido, que es Rebeca niña quien en *Tacones lejanos* provocó el accidente y la muerte del segundo marido de su madre mediante un cóctel de tranquilizantes sabiamente dosificado. Pedro Almodóvar, muy consciente del problema, lo constata por boca de su *alter ego,* Patty Diphusa, con tono humorístico: «¿Qué está pasando en España? ¿Cómo puede ser que un viejo *pendón* como *yo* pueda acabar siendo tan respetado como la reina Sofía y casi tan admirado como ella? Mi poder de *fascinación;* mi talento, mi sensibilidad, mi fragilidad cuando hablo de la cola, de la droga, etc. Nada de todo esto justifica tanto delirio.»[114]

Sexilia y los principales personajes de *Laberinto de pasiones* se drogan con sexo y con amor físico que, tal como cantaba Gainsbourg, no tienen escapatoria. Todos colocados, todos enganchados a la ilusión de que la vida no es al fin y al cabo tan difícil como parece. Y de golpe, gracias a esta ilusión, cómica, es el mundo el que se tambalea hasta llegar a caer en ocasiones en lo burlesco. Por ejemplo, en *Mujeres al borde de un ataque de nervios*: discos y contestadores automáticos vuelan por las ventanas; los terroristas son también grandes seductores; el taxi es una discoteca ambulante y la portera del edificio no puede mentir porque es testigo de Jehová —una portera interpretada por Chus Lampreave que retomará este tipo de papel cómico en *Hable con ella*, ¡el de una portera descontenta porque los medios de comunicación no le han concedido una entrevista!

Todos encendidos, todos fuera de la realidad, «como una vaca sin su cencerro», para retomar la expresión preferida de la madre de Pedro Almodóvar, es decir, perdidos, personajes a la deriva, para gran satisfacción de los espectadores. Incluso la madre de Leo en *La flor de mi secreto* está perdida, ella que pretendía ser tan fuerte y que sin embargo le confiesa: «Eres una vaca sin cencerro, como yo». Recordemos también el principio de Pepi, que pone en escena también una historia de droga y de malentendidos como en un vodevil clásico. Pepi, una joven madrileña independiente, recibe una mañana la visita de un policía amenazador que se ha dado cuenta desde el edificio de enfrente que ésta cultiva marihuana en su terraza. El policía la viola para exigir su silencio. Éste es el principio de una película con una narración bastante compleja en la que el humor y el mal gusto se dan cita. Paradójicamente, este mal gusto que algunos tachan de vulgar y otros de *kitsch* constituye un medio para Pedro Almodóvar de protegerse. «Lo *kitsch* protege mi sentido del pudor y le tengo mucho apego.»[115]

El mundo según Pedro:
una ambientación, un decorado
y unos accesorios

De las tinieblas al sol de los reflectores

El tercer largometraje de Pedro Almodóvar, titulado *Entre tinieblas*, constituye, evidentemente, una metáfora tanto de la noche del convento como de la fascinación que ejerce sobre él la oscuridad, propicia a los fantasmas pero también al cine. De la noche americana al «sol artificial» de los reflectores, la trayectoria del director de cine está repleta de alegorías cercanas a la de la caverna de Platón. Pedro Almodóvar, desde el cine *underground* cercano a la movida y a la Factory de sus inicios, ha querido probar de todo, incluso el género neorrealista con *¿Qué he hecho yo para merecer esto!* Un itinerario a lo Fellini, podría decirse, aunque éste partió del neorrealismo para llegar a creaciones absolutamente barrocas en estudio. Almodóvar sigue una trayectoria en parte similar, no en cuanto a la forma, sino en relación con el método. Su cine resulta cada vez más definido, cada vez más construido. Y pese a que no ha abandonado del todo los subgéneros y el barroco descabellado cercano al *underground* de sus primeras películas, construye historias más estructuradas y, sobre todo, ha conseguido crear un mundo que sólo le pertenece a él. El sol de los reflectores podría ser como el reconocimiento de Pedro Almodóvar de su amor por los estudios, los decorados, los actores, por lo chillón y lo ficticio, con los que consigue finalmente recrear ante los ojos maravillados del público del mundo entero un universo completo, dotado de sus propias reglas y rituales, que aceptamos aunque no sean

A Pedro Almodóvar le fascinan también los decorados de sus películas. Los rojos vivos, los tierra de Siena, los azules eléctricos de *¡Átame!, Tacones lejanos* y de *Mujeres al borde de un ataque de nervios* han sido imitados en el mundo entero.

muy ortodoxas, como acabamos de ver en las líneas anteriores. Por otra parte, una de sus últimas películas, *La mala educación*, podría ilustrar lo que acabamos de decir. Pepi ya lo afirmaba bien alto y fuerte en *Pepi, Luci, Bom y otras chicas del montón*: «El cine no es la vida. ¡Todo en él es falso!».

El piso de Sexilia, por ejemplo, en *Laberinto de pasiones*, constituye un decorado muy interesante, al que Pedro Almodóvar ha conseguido dar un aspecto de lo más moderno contando con la colaboración de los artistas más conocidos de la movida, como Ouka Lele, Guillermo Pérez Villalta, Costus, Pablo P. Minguez, Javier P. Grueso, Carlos Berlanga, Fabio de Miguel, si bien él siguió siendo, en cierto modo, el maestro de obras de la operación. Sabemos que en sus inicios, Pedro Almodóvar no dudaba en pintar él mismo los decorados de sus películas, como relata a su confidente favorito. Podemos afirmar sin riesgo a equivocarnos que, en lo sucesivo, le dio a todas sus películas este peculiar «Toque Almodóvar», con los colores que pretende haber heredado de sus antepasados del Caribe. «Con el poder de luchar que posee la naturaleza humana, mi madre ha concebido un hijo con fuerzas para luchar contra tanto negro. He nacido en La Mancha, pero también es cierto que me he formado durante los años sesenta y la explosión del pop. Es algo que me ha marcado, como mi relación inconsciente con los colores del Caribe, como si guardara la memoria de los conquistadores españoles que se fueron al Nuevo Mundo, una memoria inconsciente de mis antepasados más lejanos.»[116]

Un poco más allá, encontramos esta declaración de lo más explícita: «La estética del barroco del Caribe estaba presente en mis películas antes de que la descubriera en su tierra de origen».[117] Los rojos vivos, las tonalidades tierra de Siena, los azules eléctricos de *¡Átame!*, de *Tacones lejanos* y de

Como una prolepsis de la continuación de los acontecimientos, la cama de Pepa (Carmen Maura) arde en llamas en *Mujeres al borde de un ataque de nervios*.

Mujeres al borde de un ataque de nervios han llegado incluso a crear escuela. Parisinos amantes de la moda, e incluso madrileños, no han dudado en pintar sus pisos como en una película de Pedro Almodóvar. Pero en el cine, el realizador ha conseguido crear un estilo de lo más propio, con elementos que podrían haber sido tildados como el colmo del *kitsch*. Al igual que con el género del melodrama o el del culebrón que aflora en el cine de Pedro Almodóvar. Las tinieblas representan en el imaginario del cineasta, sin duda, los años negros del franquismo, las ropas negras de las campesinas de La Mancha y de *Tierra sin pan* de Buñuel (1932), la desolación y la muerte de un pueblo que ha sufrido mucho y que, ahora que está integrado en el molde

de Europa y de la globalización, no duda en iluminarse con el sol enga-
ñoso de los reflectores. Éste es el motivo por el que los interiores almodovarianos parecen algo ficticios, porque no se vive en ellos, y el decorado de la habitación de Sexilia, con todos esos cuadros postmodernos,
parece una de esas galerías de los barrios de moda que abundaban en tiempos de la movida. Al igual que Fellini, aunque por otros motivos, a Pedro Almodóvar le encanta trabajar con decorados. En primer lugar, por
una razón de comodidad, ya que no resulta fácil poder filmar en Madrid,
a menos que sea a hurtadillas, con una pequeña cámara de súper 8. Pero
queda descartado si se utiliza un equipo completo y una gran producción. Esto nos recuerda los motivos esgrimidos por Fellini cuando decidió reproducir la Via Veneto de Roma en estudio para el rodaje de *La dol-
ce vita*, ni más ni menos. Pedro Almodóvar, por su parte, descubrió el rodaje
en estudio y ya no lo abandona desde *Mujeres al borde de un ataque de
nervios*. Por cierto, utilizó parte de los decorados de esta película para la
siguiente, *¡Átame!*

Como él también es un buen narrador, cuenta una anécdota, casi un mito
escatológico, para explicar su amor por los decorados: había imaginado un
guión que contaba la historia de tres asesinos, altamente peligrosos y hui-
dos de la justicia, que se refugian en un almacén para escapar de la policía.
En realidad, este almacén contiene en su interior un decorado en el que se
está rodando una película. La sucesión de acontecimientos resulta ser de lo
más cómica, ya que los asesinos se mezclan con los actores. ¡Un tema es-
tupendo! ¡Lástima que todavía no lo haya realizado! «Para justificar el hecho de que los personajes debían permanecer en este estudio, sin caer en
un *remake* de *El ángel exterminador* (1962) de Buñuel, que es la mejor forma de no tener que cambiar de sitio, imaginé la historia de estos tres asesinos.»[118] Con la luz artificial del estudio, con esa especie de facilidad para
hacer que la magia penetre en la construcción de una película, los cineastas parecen haberse sentido siempre muy a gusto entre decorados, sobre todo
aquellos que fascinan a Pedro Almodóvar, como por ejemplo los autores de
la comedia americana de los años cuarenta. Quizás porque desea inspirarse en las películas que le gustan, pero sin caer en la imitación o el pastiche,
a diferencia del trabajo de François Ozon. Este último, con *8 mujeres* (*8 Femmes*), intentó encerrar a ocho actrices en un decorado hermético, *kitsch* y es-

tático, a la manera del universo dramático de Douglas Sirk. Pedro Almodóvar no actúa de la misma manera. Evidentemente, se siente fascinado por sus actrices y por sus decorados, pero consigue sobrepasar las apariencias para interesarse, más allá de la luz artificial de los reflectores, por las tinieblas que habitan en todos sus personajes.

Y en todas estas creaciones, podemos reconocer los hábitos propios de un niño, solitario y muy triste, según sus propias palabras, que aprendió a manipular objetos, coser vestidos para las muñecas, escribir historias para no dormir y realizarlas con su fuerza de voluntad. No hay más tinieblas que en el corazón mismo de su creación, lo que demuestra que es un gran éxito y que su profundidad, lejos de ser un simple ejercicio de estilo, logrará conmover al mundo entero. A tal fin, Pedro Almodóvar elige con sumo cuidado hasta el más pequeño objeto de sus decorados, los accesorios, como se dice en teatro. Optó, por ejemplo, por los objetos de cristal en *Kika*, porque evocan a un tiempo el trabajo del fotógrafo y, por su transparencia, el voyeurismo. Podríamos quizás señalar también la pista de *El zoo de cristal*, de Tennessee Williams, un autor que gusta a Pedro de forma muy particular, y cuya adaptación para el cine de *Un tranvía llamado Deseo* por Elia Kazan se encuentra en el origen de su vocación. Algunos de estos objetos de cristal le pertenecen incluso realmente y han sido creados por los más grandes diseñadores italianos: «Elijo todos estos objetos muy minuciosamente —relata—, y aunque no expliquen los personajes, por lo menos nos sugieren cosas sobre ellos. Es gracias a estos elementos y a una interpretación realista que la escena resulta mucho más verosímil, al tiempo que permite la mezcla entre cosas abstractas y físicas».[119]

Colores para una cárcel

El sentido por el detalle, pero también el trabajo de las sombras y las luces han convertido a Pedro Almodóvar, tal como se ha dicho, en un cineasta cercano a los pintores y, por este mismo hecho, cercano también a los más grandes directores de cine, por los que siente una gran admiración, como David Lynch, Federico Fellini, Tim Burton, Josef von Sternberg, y, sobre todo, Alfred Hitchcok.

En el museo de cabezudos, frente a estos rostros sin vida, los dos personajes de *La mala educación*, descubren quizás la multiplicidad y el misterio del destino humano (Gael García Bernal y Lluís Homar).

Este último, trabajó mucho con ayuda de *storyboards* y de decorados pintados, como el del puerto al final de *Marnie la ladrona*, que maravilla a Pedro, o el patio interior como escenario de unas vidas en *La ventana indiscreta*, al que el español rinde homenaje en *Mujeres al borde de un ataque de nervios*. Al cineasta le gusta trabajar en los decorados porque se encuentra más cómodo técnicamente, pero también porque el decorado acentúa su carácter demiúrgico. La creación resulta en ellos más desmesurada, aunque también más contenida, en suma más cercana a la pintura y a la obra de arte, aunque sólo sea porque los colores son elegidos con cuidado y porque la iluminación, concretamente la de los rostros, se puede realizar de una forma casi científica.

La mala educación es una película seria en la que Pedro Almodóvar vuelve sobre su vida y su arte para puntualizar algunos aspectos, aunque sin entrar en ningún modo en la autobiografía. Aquí, Daniel Giménez Cacho, en el papel del padre Manolo.

Una lluvia de cine, como la de *Cantando bajo la lluvia*, resulta evidentemente falsa, pero tampoco el cine pretende otra cosa. En este caso, el cine no pretende ser la realidad, la imita para trascenderla. Y pienso que el cine de Pedro Almodóvar constituye un claro ejemplo de ello, ya que consigue crear guiones que ponen en escena personajes falsos, en situaciones falsas, pero consiguiendo el prodigio de que parezcan todavía más verdaderos y auténticos que si fueran reales, como es el caso de todos estos actores masculinos que interpretan papeles complejos en *La mala educación*. Los ejemplos atrevidos no faltan: la situación de *Todo sobre mi madre*, los amores extraños de dos hombres por dos mujeres prácticamente muertas en *Hable con ella*, el guión complejo y alocado de *Laberinto de pasiones* y las relaciones rocambolescas de un hombre con su hermano convertido en mujer en *La ley del deseo*, por no citar más que unos cuantos. Minucioso, obsesionado por la simetría, a Pedro Almodóvar le gusta filmar en el estudio porque ama las certezas, lo que no le impide cultivar la paradoja en *Kika* cuando declara:

«No tengo ni idea de cuál será mi próxima película, pero he decidido rodarla en escenarios naturales».[120] La siguiente, lo sabemos ahora, fue *La flor de mi secreto* y, efectivamente, mantuvo (o casi) su promesa, ya que el piso de Leo no es un decorado, sino un verdadero piso madrileño alquilado para la ocasión, sin una gran profundidad de campo para la escena del espejo en el pasillo, lo que le confiere una calidad distinta, casi naturalista.

Cuando Frédéric Strauss le pregunta por los colores extravagantes de sus películas, insiste en el aspecto supuestamente español de esta originalidad. Pero Pedro le saca de su error precisándole que los españoles no los utilizan comúnmente. «Es algo muy español, pero que no se utiliza en España. Para mí, también responde al lugar de donde procedo. La cultura española es muy barroca, pero la de La Mancha es, por el contrario, terriblemente severa.»[121] Pienso, además, que todo este despliegue de colores espléndidos, de cruces amorosos entre los personajes y la provocación premeditadamente vulgar y *kitsch* esconde, como en Pier Paolo Pasolini, Rainer Werner Fassbinder

Como si se tratara del rostro de un payaso, esta imagen ilustra perfectamente «la paradoja del actor» (Marisa Paredes como actriz de Tennessee Williams en *Todo sobre mi madre*).

o incluso Luchino Visconti, aunque de otro modo, una gran desesperanza, una gran soledad.

Sentimientos que vienen desde muy lejos, de la infancia, pero también de la homosexualidad, de una diferencia a menudo rechazada, primero por el propio interesado, y después por los demás. En ocasiones, al filo de sus declaraciones, concretamente en algunas de las que nos entrega en la serie de artículos recopilados en la antología titulada *Patty Diphusa y otros textos*, trasluce una especie de desesperación que nos recuerda a la famosa fórmula de Pasolini. Cuando se le preguntaba de dónde le venía su gran creatividad, contestaba que era una energía, pero totalmente desesperada. Pedro Almodóvar, que sabe esconder a la perfección sus intenciones bajo las lentejuelas, el travestismo y una cierta forma de ironía, quizás no esté muy alejado de lo que declaraba Pasolini. Concretamente, podemos leer estas pocas palabras, que no resultan en absoluto anodinas:

Pregunta: Pero tú mismo ofreces una imagen más agresiva…

Respuesta: La temporada pasada sí. Ahora, para este otoño-invierno, pretendo dar la imagen contraria: la de un pobre chico necesitado de amor. Corresponde más a la realidad.

P: A menudo, nos planteamos preguntas sobre tu galopante creatividad.

R: Tiene su fuente en la desesperación, ya lo he dicho muchas veces. El trabajo no me relaja, por el contrario, me abre las puertas a otras insatisfacciones.[122]

Se trata del drama del creador, permanentemente insatisfecho y cuya insatisfacción, «virtud mayor», le obliga a seguir creando, más y siempre. Como Woody Allen, Pedro Almodóvar cuenta a menudo que está constantemente escribiendo guiones, proyectos. Confiesa incluso haberse ido finalmente un verano a casa de su amigo Caetano Veloso, en Brasil, para descansar por fin, y que fue sin embargo allí donde escribió el guión de *Todo sobre mi madre*, sin ni siquiera salir de su habitación para disfrutar del sol. Encerrado en su creatividad, el artista aparece como un ser poseído. Y sus personajes, en contrapartida, están también prisioneros, al igual que los espectadores en una sala de cine. Personajes prisioneros de su vida, de sus costumbres, de su pasión: éste es, en concreto, el caso de Marina en *¡Átame!*, una mujer secuestrada que acaba consintiendo con un carcelero locamente enamorado de ella y que, al final, le pide a éste que la ate, evocando de este modo las ataduras con las personas. Éste es también el caso de Andrea (un papel interpretado nuevamente por Victoria Abril) en *Kika*, prisionera de su locura y de su voyeurismo televisivo. Es igualmente el caso de Rebeca (¡Victoria Abril una vez más!) en *Tacones lejanos,* que acaba incluso por ir realmente a la cárcel en compañía de otras detenidas, como La Cimarrona, esta especie de gigante interpretada por el transexual preferido de Pedro Almodóvar, Bibí Andersen, pero en un universo ficticio con aspecto de decorado de película. Todas en la cárcel, encerradas en unas vidas que las encierran a su vez, como la madre de *¿Qué he hecho yo para merecer esto!,* o incluso como Sexilia en *Laberinto de pasiones*, prisionera de su ninfomanía, o incluso las hermanas recluidas en el convento en *Entre tinieblas*. Encerradas, pero siempre vivas; algunas de ellas incluso muy a gusto en su cárcel dorada y llena de colorido. Todos estos personajes se encuentran, como siempre, prisioneros de su cine, de la historia del cine y de esta fascinación que ejerce sobre los espectadores y el propio cineasta, cuyas referencias resultan siempre muy precisas: «[En *Tacones lejanos*], las secuencias de la cárcel son muy realistas y, al mismo tiempo, constituyen la parte más *kitsch* de la película, con esta referencia a las famosas comedias musicales rodadas en falsas cárceles como el *Jailhouse Rock* (Richard Torpe, 1957) con Elvis Presley y, recientemente, *El Lágrima,* de John Waters (1989)».[123]

Ser y parecer en escena

El mundo es, pues, el lugar por excelencia del sufrimiento, sobre todo del sufrimiento por amor. Pero existen lugares más propicios para la ensoñación y la revelación del ser profundo; uno de ellos es la escena. Y por *escena* debemos entender la palabra en sentido amplio: todo aquel lugar que realza al personaje y le permite revelarse a sí mismo y a los demás. Éste es el motivo por el que Pedro Almodóvar nos muestra a menudo a personajes llorando entre el público y mirando un espectáculo en el escenario, como en *Tacones lejanos, Hable con ella* y *Todo sobre mi madre*. Pero es precisamente gracias al escenario y al teatro por lo que Manuela, en *Todo sobre mi madre,* vuelve a

Otro bello rostro de mujer, el de Victoria Abril, cuyos ojos transmiten una angustia en carne viva en *¡Átame!*

conectar un poco con la realidad, cuando tiene la oportunidad de sustituir inesperadamente a Nina Cruz en *Un tranvía llamado Deseo*. También es en el escenario de este mismo teatro, una noche en la que Nina y Huma han llegado a las manos y no pueden salir a actuar, que Agrado decide ofrecernos un show desopilante sobre los efectos devastadores de la cirugía estética. Agrado, un nombre para el que Pedro Almodóvar se inspiró seguramente en la Gradisca de Federico Fellini en *Amarcord,* es por cierto interpretada por Antonia San Juan, una estrella de cabaret madrileña que aporta una gran fuerza, cómica y patética a la vez, a esta aparición escénica.

Todo se convierte en escenario o *proscenium*, de forma que en el seno de la película algunos pasajes adquieren mayor realce.

Puede tratarse de una plaza de toros en la que se lidia un combate entre un hombre o una mujer y un toro (*Hable con ella, Matador*); de un estadio deportivo (*Carne trémula*); de una película dentro de otra película (*¡Átame!*); de un autobús como lugar de nacimiento de Víctor, con el ángel y las estrellas de neón encima convirtiéndolo en belén (*Carne trémula*); de la televisión,

ya se trate de tele basura (*Kika*) o de telediario (*Tacones lejanos*); de una ope-
reta retransmitida por la tele en la que un Pedro Almodóvar trajeado canta
un estribillo que será repetido por la abuela de la película (*¿Qué he hecho yo
para merecer esto!*); de la simulación de la donación de órganos presentada a
estudiantes a modo de puesta en escena (*La flor de mi secreto, Todo sobre mi
madre*); de los falsos anuncios que aparecen en muchas de sus películas, concretamente las realizadas por Pepi para las bragas multiusos Ponte (*Pepi, Luci,
Bom y otras chicas del montón*). También abundan las secuencias en las que
vemos bailarines entregados al placer de bailar (*La flor de mi secreto, Hable
con ella*), o interpretar música rock en un escenario (*Pepi, Luci, Bom y otras
chicas del montón, Laberinto de pasiones*), o incluso hemos visto a vecinas im-
provisar en el patio un pequeño coro campestre para Leo (*La flor de mi secreto*). «Mi infancia —declara Pedro—, también era las voces de las vecinas
en el patio, que contaban historias terribles, el suicidio de otra vecina que se
había tirado en el pozo.»[124] Todo sirve de pretexto para una escenificación,
para dar un espectáculo y aparecer con mayor veracidad. Toda la vida filmada por Pedro Almodóvar parece cual una amplia escena, como lo pensaba Sha-
kespeare o incluso mejor Calderón de La Barca, que, en 1645, hablaba del «gran
teatro del mundo», visión teatral de un mundo en el que todo puede ser ex-
hibido y mirado, concretamente las braguetas de los transeúntes en el Rastro
de Madrid como apertura de *Laberinto de pasiones*. Hasta el balcón de Kika
sirve a modo de pequeño teatro para interpretar diversas escenas de disimu-
lo, masturbación, aparición, desaparición o voyeurismo, en recuerdo sin duda
del balcón que aparece al principio de *Un perro andaluz,* de Luis Buñuel (1928),
y que reencontramos, ampliado pero igualmente teatral, en *Mujeres al borde
de un ataque de nervios.*

El amor por las grandes damas de la canción, del teatro y del cine habita la obra de Pedro Almodóvar, quien ha soñado con trabajar con Jeanne
Moreau. Conocemos la fascinación que siente Pedro Almodóvar por las mujeres, por las actrices en particular, y esta voluntad demiúrgica que hay en
él de que parezcan lo más vivas posibles, ¡hasta pedirles durante el rodaje que estén «en carne viva»! Dar vida a historias escritas en un primer
momento sobre papel constituye la gran fuerza de los cineastas, aunque
tengan la honradez o la coquetería de pensar que el cine es menos poderoso que la literatura. Esto es en todo caso lo que afirma Pedro Almodóvar:

Artífice de marionetas, siempre implicado en el trabajo de los actores, Pedro Almodóvar indica a Antonio Banderas cómo interpretar el papel de Carlos en *Mujeres al borde de un ataque de nervios*.

«El cine no tiene la capacidad de sugestión de la literatura, pese a que se tienda a creer exactamente lo contrario».[125]

De hecho, lo que Pedro Almodóvar quisiera afirmar es la parte vivificante de la creación respecto a la vida. Piensa, ciertamente, que se nos trasmite fuerza cuando leemos y miramos *Un tranvía llamado Deseo*, por ejemplo. Este deseo que él ha convertido en ley. Este deseo que lo obsesiona hasta el punto de llamar con este nombre a su productora. El deseo es realmente lo que lo mueve, y cuando Manuela, para disculparse a los ojos de Nina, declara «*Un tranvía llamado Deseo* ha conmocionado mi vida», ya no está interpretando. Habla por boca de Pedro Almodóvar, un apasionado de esta obra, de la que incluso se planteó durante un tiempo hacer una adaptación al teatro. Esta frase sitúa perfectamente el contexto de la película, la muerte de Esteban y el autógrafo que él intentó obtener de Huma Rojo. Pero es un diálogo que va mucho más allá, que indica la fuerza y el giro radical que una obra de arte puede aportar a una vida. Por otra parte, Huma, en su calidad de actriz, lo sabe muy bien y vuelve a la mañana siguiente, emocionada, a casa de Manuela. Y es en esta escena en donde volverá a vivir la muerte del niño en la obra de García Lorca que interpretará más tarde.

El muñeco de plástico manipulado en *Un tranvía llamado Deseo* es la prolepsis del futuro nacimiento de Esteban, pero también la analepsis de la muerte de Esteban, ese hombre-niño que soñaba con ser escritor, escribir obras de teatro que serían representadas en el escenario. Y es precisamente a este nivel que la película resulta increíble porque propone diversas pistas sin perder de vista la dimensión trágica de la creación artística. Éste es, además, el motivo por el que la primera aparición de Lola hacia el final de la película es puesta en escena como en el teatro o como en el cine, ya que Pedro Almodóvar confiesa haberse acordado de la muerte lívida en *El séptimo sello* de Bergman. Lola baja la gran escalera del cementerio como una actriz, él/ella que siempre ha querido seducir, interpretar hasta la mentira, hasta la traición, sometiéndose sin saberlo a la «paradoja del actor», para descubrir por fin, justo antes de morir, la verdad sobre el nacimiento y sobre la muerte. «*Todo sobre mi madre* habla de la creación artística, de las mujeres, de los hombres, de la vida, de la muerte, y es sin duda una de las películas más intensas que he rodado jamás.»[126] Sin jamás haber dejado de rendir homenaje a las mujeres, a las actrices y a la escena, Pedro Almodóvar ha conseguido alzarse en los primeros puestos del cine mundial y su opción por lo difícil y por la marginalidad le otorgan mayor mérito, si cabe.

Burlándose un poco de sí mismo en *Patty Diphusa y otros textos*, en el capítulo titulado «Consejos para convertirse en un cineasta de fama internacional», Pedro Almodóvar escribe: «En un país en el que hacer cine es algo así como un milagro, siempre he decidido qué película tenía que hacer. Las cosas no han sido siempre fáciles, a menudo he necesitado mucha

El revés del decorado: los personajes (y los técnicos) sorprendidos por el fotógrafo en plena acción entorno al contestador automático en *Mujeres al borde de un ataque de nervios* (Antonio Banderas, María Barranco y Carmen Maura).

obstinación, pero debo reconocer que la suerte y un sentido innato de la oportunidad me han ayudado muchísimo».[127] Una modestia que favorece al que quiere dirigir, es decir, a quien sabe desaparecer tras los actores al tiempo que los manipula en escena. Además, la dirección de actores es, sin duda, uno de los aspectos de este oficio que más fascinan a Pedro Almodóvar, que intenta siempre obtener el máximo de los personajes que pone en escena. A la pregunta ¿por qué le gusta tanto poner en escena a su hermano y a su madre?, podríamos aportar un esbozo de respuesta. No hay intención alguna de ridiculizarlos, nada más lejos de la realidad, es más bien porque los ama y porque, para él, el acto de amor más evidente es interpretar y hacer interpretar. Cuando Francisca Caballero baila en *¡Átame!*, o interpreta a una presentadora de televisión en *Mujeres al borde de un ataque de nervios*, o se convierte en la doble de Marisa Paredes, o de Pina Bausch, por la manera en la que aparece en escena en *Kika*, todas esas exhibiciones son un acto de amor y, en particular, hacia su madre. Y la misma actriz como paciente del dentista, en *¿Qué he hecho yo para merecer esto!*, no es sino un guiño, una manera también de recordar sus orígenes sociales. Ser y parecer en escena, es algo que puede adquirir significados distintos, y para Pedro Almodóvar no es nunca gratuito porque el cine es un instrumento grandioso. Tal como lo decíamos hablando de su madre, también es «capaz de sacar leche de una botella de aceite»,[128] una metáfora casi bíblica para expresar una gran capacidad de invención y de creación.

El teléfono, «ombligo de los limbos»

Además de la utilización de los artificios descritos aquí arriba, el teléfono es un instrumento de comunicación muy útil en las películas de Pedro Almodóvar. Evidentemente, es muy distinto de los teléfonos blancos del cine italiano anterior a la Segunda Guerra Mundial, que representaban una señal externa de riqueza. En el cine de Pedro Almodóvar, el teléfono evoca más bien el fracaso de la comunicación. No debemos olvidar, tal como ya hemos dicho, que él mismo empezó su vida profesional en Telefónica y fue quizás en esta empresa donde se le ocurrieron algunas ideas para sus películas, que ponen en escena a personajes desgraciados en muchas ocasiones.

Atada y amordazada, éste es el destino de la mujer en la obra de Pedro Almodóvar: el amor hace daño, hiere, provoca la muerte. Las mujeres lo saben muy bien, su vida no es sino una lucha sempiterna para encontrar el amor (en la imagen, el rodaje de *¡Átame!*).

A través de su hilo, por la cercanía artificial que permite, el teléfono es un objeto transaccional que supuestamente une a los hombres pero que, en ocasiones, también los separa. Al igual que ocurre con *Un tranvía llamado Deseo*, la obra de Tennessee Williams, de la que hemos hablado repetidas veces, Pedro Almodóvar siente fascinación por otro texto, *La voz humana,* de Jean Cocteau, que intenta adaptar concretamente a través de *Mujeres al borde de un ataque de nervios*. Ya lo hemos dicho, Roberto Rossellini lo había convertido en un capítulo de la película *L´amore*, con Anna Magnani. Pedro Almodóvar nos propone, sin embargo, una adaptación mucho menos fidedigna que aquélla. Tan sólo conserva la sustancia de la intriga, es decir, la mujer que llama al hombre que ama, de tal manera que el texto se convierte en un largo lamento sobre el amor imposible. Pedro Almodóvar lo recicla a modo de lugar cerrado habitado por mujeres nerviosas, en donde el hombre no es más que un accesorio, una especie de ideal ausente que soñamos encontrar, aunque siendo conscientes de la realidad.

El teléfono es un instrumento que permite que nos llamen en cualquier momento, y resulta un recurso muy interesante para el teatro y el cine. Ser llamados, significa poder otorgar a sus personajes otra oportunidad, abrirles posibilidades sobre la continuación de sus aventuras, representa una puerta abierta al cambio. El director actúa en cierto modo como un nuevo d*eus ex machina*. Gracias al análisis de Paul Obadia, como siempre muy agudo, intentaremos analizar cómo utiliza Pedro Almodóvar el teléfono en sus películas, sin necesidad de enumerar todas las escenas en las que un personaje se sirve de este medio de comunicación.

Una utilización que es de total actualidad, teniendo en cuenta el uso inmoderado que los jóvenes actuales le dan al teléfono móvil. El recuerdo de Telefónica es probablemente inconsciente en la mente de Pedro Almodóvar. En este sentido, Nuria Vidal señala que, en sus películas: «La llamada resulta siempre fundamental para la historia. En la primera de ellas —prosigue—, Pepi decide empezar a trabajar en publicidad por la llamada telefónica de su padre, cuando éste le anuncia que no le mandará más dinero».[129] Lo que resulta interesante observar en este ejemplo es que el teléfono, en cierto modo, es desviado de su uso original. Sabemos muy bien que no sirve sólo para comunicar, desgraciadamente, buenas noticias, pero también debemos observar que el padre no lo utiliza como lazo de unión con

En el piso de Pepa (Carmen Maura), todos los personajes, incluidos los policías, están a punto de saborear el famoso gazpacho con Orfidal *(Mujeres al borde de un ataque de nervios)*.

su hija, sino para cortar el cordón umbilical con ella. Este ejemplo se repite en numerosas ocasiones. Así, Paul Obadia nos recuerda que Diego es despedido por María en *Matador* mediante una llamada telefónica. En *La ley del deseo*, también es por teléfono que se produce un cierto contencioso entre Antonio y Pablo. Y también en *Tacones lejanos*, el teléfono es un excelente instrumento para cortar o para librarse de alguien. «Un supuesto medio de comunicación, el teléfono —escribe Paul Obadia—, es el objeto que mejor permite expresar la crisis, cuando no el final.»[130]

El teléfono sirve, en teoría, para unir a los hombres, pero en la obra de Pedro Almodóvar parece que su función principal es separarlos.

Así, por ejemplo, en *La flor de mi secreto,* cuando Leo no consigue quitarse los zapatos intenta en vano comunicarse con alguien por teléfono. Su mujer de la limpieza no está y su hermana está ocupada en su servicio de transplante de órganos. Es ella, pues, quien acaba desplazándose hasta la clínica para que se los quite. El teléfono como aparato limitado le será útil una única vez, cuando decide suicidarse y la voz de su madre en el contestador la devuelve a la vida. En *¡Átame!,* el teléfono suena a menudo, ya que la familia, preocupada, está buscando a Marina. Pero la sorpresa se produce cuando Ricki le permite un día llamar a su madre para anunciarle que supuestamente se ha ido de vacaciones. Y es también esta llamada, la que da la oportunidad, una vez más tratándose de mujeres, de retomar el cordón umbilical, de mostrar mediante el gesto anodino de la llamada el apego de Pedro Almodóvar por su madre. Es también el cordón umbilical que une a Leo con su madre, tal como hemos dicho, lo que le impedirá morir. En el caso de Marina, en *¡Átame!,* el hecho de escuchar a su madre al otro lado del hilo —personaje interpretado, insistimos, por la propia madre de Pedro Almodóvar— provoca en ella un ataque de nostalgia. Cuando está secuestrada en su piso escucha la voz de su madre y eso la retrotrae a su infancia, a ella, que presume de ser una mujer liberada, ex actriz porno y drogadicta. Y cuando su madre le dice que está preparando una sopa, ella murmura llorando: «¡Sopa! Mamá, te quiero». En *Mujeres al borde de un ataque de nervios,* el teléfono y su sustituto, el contestador automático, están omnipresentes; hay una infinidad de mensajes que se graban, pero nunca encuentran a su destinatario. Puede ser, igualmente, una llamada interceptada por casualidad, como cuando Pepa contesta el teléfono en el despacho de la abogada y oye la voz de Iván y entiende que se va a marchar con ella. Descubre entonces la traición, como cuando, al principio de la película, pide a la telefonista que marque el número al que Iván acaba de llamar y descubre la existencia de su mujer. Todas estas llamadas, en vez de unirlos, los separan todavía más y constituyen algo así como la prueba de la infidelidad y de la mala fe de Iván.

Para finalizar, un último ejemplo se encuentra precisamente una vez más en la obra de Cocteau y en *La ley del deseo.* Recordemos que es la obra que interpreta Tina en el teatro y que es puesta en escena por su hermano Pablo. Ciertamente, no es irrelevante que Pedro Almodóvar haya elegido poner escena, de forma muy particular en esta película, el hermoso texto de

Jean Cocteau si tenemos en cuenta su situación, la relación incestuosa de Tina con su padre e igualmente el hecho de que Tina era al principio un hombre que decidió cambiar de sexo por amor. En efecto, lo que expresa esta llamada completamente inaudible de una mujer desesperada a su amante invisible y ausente, se parece curiosamente a la «voz que clama en el desierto» del que busca desesperadamente el amor de su padre, o accesoriamente el amor de su madre, como es el caso de Rebeca en *Tacones lejanos*. En estas circunstancias, el cordón telefónico ya no tiene nada de umbilical. Es el paradigma de la ausencia de comunicación, en un mundo en el que la estructura familiar ya no existe, y en donde las personas están obligadas a hablarse por el intermediario de extrañas máquinas, y profetizando quizás de este modo el nuevo tipo de amor virtual propuesto por los teléfonos eróticos o, más recientemente, por internet. En la soledad de su habitación, los corazones perdidos ya no hablan con su *alter ego*, sino con sombras, algo que Marguerite Duras ya había contado en *Le Navire Night* (1979), una pasión ciega que reunía a dos interlocutores, de noche, al teléfono, que se amaban sin ni siquiera verse, sin ni siquiera conocerse.

La metáfora del hilo resulta en estos casos muy útil. El hilo le permite a Ariadna guiar a Teseo a través del laberinto. También es un hilo lo que cortan las Parcas cuando consideran que nuestro recorrido terrenal ha acabado. El hilo es también el del relato, y sabemos que Pedro Almodóvar tiene el don de crear historias muy complejas y a menudo difíciles de desenmarañar. No perder el hilo del pensamiento es otra de las imágenes que nos vienen a la mente, porque estos guiones complejo requieren a menudo que tengamos muy presente su significando. El cordón telefónico tiene pues doble filo: puede ser cortado, y por este motivo la comunicación ya no puede producirse (recordemos todas esas expresiones que transmiten esta idea como: no corte, se ha cortado, etc.), o bien, el cordón es realmente umbilical y, en este caso, restablece la comunicación, como es el caso entre Leo y su madre en *La flor de mi secreto*, o entre Kika y Nicholas cuando éste la llama al salón de belleza para que venga a maquillar a su hijastro, al que ella cree muerto.

El teléfono no siempre sirve para negar la comunicación. Así, en *Mujeres al borde de un ataque de nervios*, Pepa, obsesionada por recibir una llamada de teléfono o un mensaje en el contestador, responde a Candela, y eso salvará a su amiga del suicidio. Pepa se tomará entonces el tiempo de escucharla, y este intercambio le hará olvidar que la espera de una llamada es cruel, transformando una actitud completamente egoísta en una especie de don de uno mismo. La utilidad del teléfono consiste en hacer que el ausente se vuelva presente y en proporcionar un sustituto al amor perdido, o a la dulzura del seno materno perdido. Recordemos la famosa canción «Allô maman bobo» («Diga mamá pupa») de Alain Souchon, que tan bien traducía esta espera. En *Kika*, una vez más, Pedro Almodóvar sobrepasa la simple problemática de la comunicación telefónica. Sabemos que Ramón es un *voyeur* y un cotilla, tal como le recalca su suegro: «Siempre te ha gustado espiar. Escuchabas cómo hacíamos el amor con tu madre». Y es en esta misma película donde Pedro Almodóvar nos da una excelente lección de escucha telefónica, de muy alto nivel. Nicholas, que vive encima de Kika y Ramón, baja a casa de ellos. Desde allí, llama por teléfono a Andrea para decirle lo que piensa sobre sus métodos televisivos, ya que ha difundido imágenes de Kika mientras la estaban violando en su habitación. Nicholas quisiera saber quién le ha proporcionado estas imágenes escandalosas. Mientras tanto, en otra habitación, Kika escucha su conversación en un segundo teléfono y Ramón, por su parte, hace lo mismo con un tercer aparato.

El círculo está cerrado, el cordón anudado. Un drama que une a un tiempo el *voyeur,* el asesino, la víctima y la manipuladora ha sido puesto en situación como en *La máquina infernal* de Jean Cocteau, otra de las obras de referencia de Pedro Almodóvar. Además, es mediante la utilización de un hilo, esta vez eléctrico, que Kika consigue una segunda vez devolverle la vida a Ramón, aunque en esta ocasión será demasiado tarde. El hilo se ha roto y Kika va a huir de esta casa de locos devolviéndole a Ramón el anillo que había pertenecido a su madre y que éste le había regalado.

En ocasiones, el tenue hilo de la vida y de la comunicación nos reserva sorpresas y entonces se produce la llamada que ya no esperábamos. O bien, nos encontramos frente a un teléfono obstinadamente silencioso, que nos gustaría tirar por la ventana, como en *Mujeres al borde de un ataque de nervios*. Un último ejemplo, procedente de *La flor de mi secreto*, cuando Leo llama a la mujer de la limpieza en el estudio de danza donde cree que puede encontrarse, es el ritmo endiablado del flamenco que le contesta, o mejor dicho que nos contesta, ya que Leo no oye más que el timbre del teléfono en el vacío. Es la imagen del vacío de toda existencia, aferrada al cordón umbilical, a un hilo, por muy frágil que éste sea, y del que espera una respuesta a su desazón. En el plano metafórico, tampoco hay que perder de vista que Iván ha cortado el hilo con Pepa por teléfono y que Pepa quiere hablar con él, a cualquier precio, para anunciarle que está embarazada de él. «Si hay algo que se comunica aquí —escribe Paul Obadia—, es la soledad común a los personajes y que los separa irremediablemente.»[131] El hilo telefónico como metáfora del «ombligo de los limbos», citando a Antonin Artaud, sería la improbabilidad del encuentro amoroso, sería el silencio que sigue a algunas palabras, la esencia misma de lo que no será jamás realizado. Una llamada de teléfono nunca eliminará el azar.

El foso de los cocodrilos
o *La mala educación*

Analicemos ahora una de las últimas películas del cineasta. Si decimos que la película empieza y acaba con los títulos de crédito, sin duda parecerá una obviedad. Pero, sin embargo, resulta interesante recalcarlo. En efecto, tras los títulos de crédito de la película propiamente dichos, muy coloridos, con un fondo de *graffitis* y de imágenes religiosas, aparecen otros títulos de créditos, también muy coloridos, que recuerdan a los de *Mujeres al borde de un ataque de nervios* y que corresponden a una película firmada por Enrique Goded. Fijémonos también en el texto que aparece en la puerta de la casa al final de la película, que anuncia que el cineasta Goded sigue haciendo películas con pasión. La película acaba, por cierto, con esta última palabra ampliada hasta hacerse borrosa. Este ejemplo permite situar con mayor precisión la intención de Pedro Almodóvar en su decimoquinta película, que juega con los niveles de percepción y con las imbricaciones de un relato con múltiples facetas, en el que los personajes encajan como muñecas rusas. Todo se basa en falsas apariencias y en una especie de identificación de los personajes entre sí, que hace que esta película resulte un ejercicio difícil de resumir y, sobre todo, de asimilar. Esto explicaría una acogida tibia por parte de la crítica y del público, descolocados al encontrar un Pedro Almodóvar grave y, en algunos casos, hasta un poco siniestro.

La mala educación cuenta una historia compleja, propia de los grandes melodramas que tanto le gustan a Pedro Almodóvar, y se desarrolla sobre tres niveles narrativos: se trata, en primer lugar, de una especie de escenario de venganza de un hombre joven convertido en travesti contra un cura que abusó de él en el internado cuando era niño. Evidentemente, esta trama narrativa se irá complicando posteriormente, cuando el realizador, al adaptarla al cine, propone varias lecturas diferentes de un relato en realidad muy literario.

De hecho, nadie está realmente en el lugar que le corresponde en esta historia, o mejor dicho cada cual intenta apoderarse del lugar del otro, sustituir al otro. Todos a excepción, quizás, del joven director de cine Enrique Goded (una especie de doble de Pedro Almodóvar), lo que lo hace algo antipático. Seguro de sí mismo, aunque falto de imaginación en esos momentos, Enrique Goded busca la inspiración para su cuarta película recortando junto a su asistente artículos de periódicos de la sección de sucesos, instalado en un despacho muy al estilo movida, decorado con objetos pertenecientes a Almodóvar, como es su costumbre. Esta secuencia le permite a Pedro Almodóvar colocar anécdotas de su juventud, al más puro estilo de *Patty Diphusa y otros textos*: un joven motociclista congelado que sigue circulando durante kilómetros, una mujer que abraza al cocodrilo que va a devorarla,

Pedro Almodóvar en *La mala educación*, imitando para sus actores la posición exacta de los niños en el internado de su infancia.

Gael García Bernal en *La mala educación*. Juan, el hermano menor de Ignacio, ha decidido hacerse llamar Ángel Andrade e introducirse en el mundo del cine. Un personaje en cierto modo obsesionado por la búsqueda de su identidad, volviéndose triple (o cuádruple, a partir del momento en el que Enrique acepta darle el papel del travesti Zahara en su película).

dos relatos sobre la pasión llevada hasta el final de su lógica de destrucción. Prolepsis de lo que va a acaecer al final. Pero Enrique Goded no sabe que al aceptar recibir a su supuesto primer amor de colegio, dará paso a que entren en su vida y en su película unos hechos que pueden acabar sobrepasándolo, a él, que intenta controlar su obra.[132]

De hecho, quien se presenta como Ignacio no es otro que su hermano menor, Juan, que ha decidido hacerse llamar Ángel Andrade y convertirse en actor de cine y famoso. Un personaje en cierto modo obsesionado por una búsqueda de la identidad, volviéndose triple, e incluso cuádruple a partir del momento en el que Enrique le da el papel del travesti Zahara en su película. Para ser un cineasta falto de inspiración, podemos afirmar que Enrique Goded tiene suerte, ya que al aceptar leer el guión que Juan/Ángel acaba de presentarle, encontrará la trama narrativa de una película con múltiples niveles. De hecho, a través de este guión, y sobre todo por una acumulación de circunstancias, Enrique se dará cuenta del engaño. Sin embargo, lo aceptará, hasta convertirse en el amante de este joven intrigante que consigue encarnar a un tiempo el joven seductor y la mujer fatal. «La pasión de Juan, la *femme fatale* de la película, es su ambición devoradora —constata Pedro Almodóvar—. Generalmente, la mujer fatal tiene características iconográficas fácilmente identificables. Aquí, este hombre joven aparentemente inofensivo, es quien resulta en el fondo siniestro y peligroso.»[133] Es decir, que llegamos aquí al corazón de la paradoja del actor que consigue convertirse en otro. Juan se convertirá en su hermano y se identificará con él hasta hacer que muera de sobredosis de la mano del señor Berenguer, que no es sino ese cura que colgó los hábitos y que abusó de él.

En realidad, Juan demuestra ser, hasta el final, tan manipulador como un director y un guionista, ya que decide sobre la vida y la muerte de los personajes que lo rodean, con lo cual también hay una interesante lectura del papel del cine.

Lluís Homar, en el papel del señor Berenguer, un cura que ha colgado los hábitos, locamente enamorado de un chico imprevisible e independiente, paradigma del amor imposible (*La mala educación*).

Segundo encuentro entre Ángel Andrade (Gael García Bernal) y Enrique Goded, el director de cine (Fele Martínez), en *La mala educación,* un preludio a la pasión y a los desengaños.

Ya observamos que la obsesión de Pedro Almodóvar consiste en poder conciliar en un mismo personaje su parte femenina y su parte masculina. Podemos afirmar que en *La mala educación* lo consigue totalmente gracias a este personaje, interpretado magníficamente por Gael García Bernal, tan atractivo como mujer que como hombre. Como si Pedro Almodóvar se acordara del doble creado por Pier Paolo Pasolini en *Teorema* (1968), pese a que él dio el paso del travestismo. Y precisamente esta pasión, que consume tanto las almas como los cuerpos, caracteriza por igual el amor del padre Manolo por Ignacio y el de Berenguer por el joven Juan. Pasión devastadora y morbosa, que no puede llevar sino a la locura y que sólo el cine puede magnificar. En efecto, si comparamos las dos versiones de esta historia de venganza, sólo podemos constatar la fuerza del cine. En realidad, en la «verdadera» vida, el señor Berenguer es un hombre apático, que compra el cuerpo de los demás e Ignacio es un travesti yonki y agresivo. En la película de Enrique Goded, en cambio, Juan es un travesti luminoso y casi feliz, y el padre Manolo, un cura de mirada febril, parecido al de

François Truffaut, y con el turbador encanto de un ser en busca de amores prohibidos e imposibles.

«Delante de una cámara —escribe Philippe Rouyer—, la vida se convierte más que en una novela, en una melodrama ardiente.»[134]

El mundo del cine es ciertamente un mundo ficticio, pero al que Pedro Almodóvar ama tanto como la figura del cineasta. Es el escenario de todas las apariciones y de todos los paroxismos: es Sara Montiel, la estrella española de los años cincuenta que un travesti imita a la perfección (recordando de este modo a *Tacones lejanos*); es la serie de máscaras de cartón del museo de Valencia que miran riéndose al señor Berenguer y a Juan; son los actores que aceptan travestirse y convertirse en otros porque el realizador, ese marionetista, se lo ha pedido. Dado que el cine da vida a los fantasmas y se inspira en situaciones reales dramatizándolas, Pedro Almodóvar toma partido por explotar todas las facetas que demuestren ese anhelo imperecedero de poseer al otro, de convertirse en él, de sustituirlo, en vez de amarlo y aceptarlo. Lo vemos repetidas veces en diversas secuencias, concretamente cuando la sombra del señor Berenguer esconde la silueta de Juan/Ángel al final de la película, en el momento en el que salen del estudio de cine. También está la sorprendente secuencia del baño en la casa en forma de sepultura de Enrique Goded, una especie de réplica triste y matricial del fragmento de la piscina en *Hable con ella*. En esta escena, en una especie de terraza a la sombra que se asemeja a una cueva, vemos a Enrique Goded tendido sobre una tumbona roja, mientras que la cámara nos muestra con un ligero movimiento en picado a Juan/Ángel bajo el agua, como un ahogado o como un feto en el líquido amniótico. Símbolo de una relación entre dos hombres que jamás podrán fusionarse hasta el punto de que, para protegerse, Enrique echará a Juan/Ángel de su casa, cerrando a cal y canto la puerta tras él, como si se encerrara su tumba, refugiándose entonces en su pasión por el cine. Enrique se comporta como un gran director de Hollywood que encerrándose en su prisión dorada quisiera escapar a la mujer fatal, «salvo que en este caso —señala al respecto Gérard Lefort— se trata de un hombre prostituto que se las da de mujer fatal».[135]

Esta pasión por el cine evoca, evidentemente, la pasión de Cristo suscitada por la liturgia católica a través del erotismo, pero también la pasión por las imágenes hermosas, que no resulta tan distinta. Enrique se encierra en su arte con pasión, pese a que nada lo predisponía a ello, dado

La oscuridad más absoluta del internado. Fotos en homenaje a Hitchcock para expresar el encierro y la soledad de la infancia frente a la hipocresía y la crueldad humanas *(La mala educación)*.

Delante de la entrada de los lavabos en los que se había refugiado, el padre Manolo acecha a su joven presa. La imagen ilustra muy bien este contraste entre el negro de la sotana y el blanco del pijama, para expresar la humillación del niño que ha sufrido abusos y que querrá vengarse *(La mala educación)*.

que Pedro Almodóvar se esfuerza por mostrarnos que no hace más que adaptar el texto de Ignacio, quien declara, en un momento de la película, ser más cinéfilo que él. Es aquí cuando *La mala educación* cobra todo su significado, con esta forma finalmente bastante burda de apoderarse de las imágenes hermosas del cine mundial. Y las referencias abundan. El cine Olimpo en abandono, que fue el lugar de los primeros contactos sexuales entre Ignacio y Enrique, corresponde al Fulgor de Federico Fellini en *Amarcord*, calificado de «vientre fecundo». Hitchcock también acude a la cita a través de la música estilo Bernard Herrmann y por la intriga que evoca el tema de la sustitución, «que sugiere —escribe Frédéric Rivière— más directamente a la película de Hitchcock *Vértigo/De entre los muertos* (1958), de la que Pedro Almodóvar ofrece aquí una variante gráfica y venenosa, digna de un Brian de Palma que llevase en el cuello una boa de plumas».[136] Pero no puede convertirse en Hitchcock todo el que lo desee. Además, Pedro Almodóvar confiesa que busca más bien la inspiración del lado de los grandes melodramas y, ¿por qué no?, en las fotonovelas. ¿Y si *La mala educación* no fuera, al fin y al cabo, más que una adaptación de una película de Sara Montiel que vieron los niños en la sala del cine Olimpo mientras se daban placer el uno al otro? En efecto, en la película *Pecado de amor* de Luis César Amadori (1961), Sara Montiel interpreta el papel de una «mujer vestida de forma extravagante que vuelve al convento donde había estado internada cuando era joven —cuenta Pedro Almodóvar—. Así, toda mi película se construye en torno al motivo de la visita: Zahara, travesti, vuelve al internado en donde ha sido alumno cuando era niño».[137] De hecho, se trata de la misma situación de partida: un personaje ha cambiado y puede volver sobre un lugar de su pasado sin que lo reconozcan.

Y Pedro Almodóvar repite esta situación casi hasta el infinito, sobre el tema de la visita que es, por cierto, el título del relato y de una película de Enrique: Juan visitará a Enrique, Enrique conocerá a la madre de Juan, el señor Berenguer se encontrará con el Ignacio adulto, Ángel visitará al travesti que imita a Sara Montiel para inspirarse en ella, etc. La visita evoca el Ángel de la Anunciación, en este caso, sin embargo, funesto mensajero, ya que Enrique niño confiesa a Ignacio que no teme a Dios. No olvidemos que la metáfora de la fosa de los cocodrilos está siempre presente, en filigrana. Podemos pues en cualquier momento dejar que nos devoren.

Pero la visita es también el motor dinámico de una película curiosamente triste, a imagen de las películas negras que habitan la mala conciencia de los protagonistas. La visita no siempre resulta anunciadora de la alegría, aunque el niño Enrique ya se presentaba como un hedonista. Como prueba de este ambiente frío en el que, curiosamente, los sentimientos no están tan exacerbados como de costumbre, la música no suena de la misma forma que en *Hable con ella*, por ejemplo. Ni melodrama ni comedia musical, pese a que se cante a menudo —«Moon River», concretamente, otra referencia cinematográfica relevante—. *La mala educación* es una película seria en la que Pedro Almodóvar, muy lejos de rendir cuentas, vuelve sobre su vida y su arte para precisar algunos aspectos de ellos, sin entrar de ningún modo en la autobiografía. A la manera de sus «personajes apasionados —como explica él mismo— que llegan a ciertas encrucijadas, que han elegido diferentes opciones, que toman las más arriesgadas deliberadamente, y que no se quejan de ello».[138] Sin *pathos*, sin enternecerse, he aquí una película poco habitual, casi fría, en cierto modo entomológica. Pone en escena a personajes que, como en la vida almodovariana, se tambalean entre el azar, el deseo y la pasión, tres términos que se dan cita en la película: la empresa de Enrique se llama El Azar; la de Pedro y Agustín, El Deseo, y, finalmente, la película finaliza con la palabra «pasión», algo sin lo que la vida no sería posible. El propio Pedro Almodóvar lo confiesa: «El día en que acabe, la vida ya no tendrá mucho sentido para mí».[139]

Volver

Presentada en Cannes en mayo de 2006, la esperadísima película de Almodóvar no se fue del festival con las manos vacías, si bien no logró la Palma de Oro. De hecho, recibió el premio al mejor guión y el de mejor interpretación femenina, compartido por todas las actrices. No es poco, aunque no logró el máximo reconocimiento, atribuido a Ken Loach (*El viento que agita la cebada*). Tampoco se puede negar que los espectadores atraídos por los aspectos diabólicos o perversos que aparecen en la mayor parte de las películas del director español podrían sufrir una cierta desilusión. Se diría que, acercándose a los sesenta años, Almodóvar no buscaría dejarnos un testamento, sino más bien una obra madura, como si sus viejos demonios se hubieran sosegado, por lo menos parcialmente. Renunciando a describir travestis, transexuales, drogadictos y otros personajes marginales, *Volver* es una película en apariencia sobria, con la única excepción de algunas pocas incursiones en lo escatológico (los pedos de la madre) y en lo obsceno (el diálogo entre Raimunda y la prostituta), incursiones de las que de buen grado hubiéramos prescindido. Sin embargo, son poca cosa comparadas con los complicados y artificiosos guiños de *La mala educación* y *Todo sobre mi madre*. Dicho esto, la película responde a precisas exigencias formales. (Almodóvar ha declarado que su intención era hacer una película de «naturalismo surrealista»),[140] volviendo una vez más a los dos temas recurrentes que siempre lo han obsesionado: la madre y la transmigración. Con *Volver*, Pedro Almodóvar se detiene a examinar el camino recorrido. Retorna a sus orígenes (*Volver*): a La Mancha. En otras palabras, vuelve a la provincia española en la que nació, tal vez para reencontrar a la madre a la que tanto amó y que falleció hace ya unos años.

No obstante, a diferencia del mito de Orfeo, *Volver* no nos relata el descenso a los infiernos de un hombre enamorado de una mujer muerta, sino más bien y estrictamente lo opuesto: la historia de una mujer, muerta para los vivos, que regresa al mundo de éstos. ¿Cómo se puede vivir con los muertos, o, mejor aún, aceptar la muerte quien siente vivo? ¿Cómo esconder el miedo a esa tierra en la que nuestro cuerpo está destinado a desaparecer lentamente? Tal vez sea justamente esa la razón que explica la escena con la que comienza la película: un *travelling* lateral nos muestra, una tras otra, a algunas mujeres dedicadas a limpiar las tumbas de sus maridos; tumbas a las que un viento insidioso continúa cubriendo de polvo. Una imagen al mismo tiempo bíblica y mitológica que nos hace recordar, entre otras, a las danaides con sus cántaros. Sólo más tarde, descubriremos que se trata del pueblo español que presenta mayor índice de locura por habitante, en una España siempre árida, porque sus ríos, como nos enteramos por una de las secuencias centrales de la película, están ahora completamente secos. Es ese viento lo que hace enloquecer a la gente, un viento que consigue incluso mover y arrastrar los contenedores de basura, pero que es también el aliento de la vida que trata, sin tregua, de borrar las huellas, el hálito de la historia que lleva consigo todos los destinos que encuentra a lo largo de su camino. El viento que Fellini tanto quería, que logra transformar también la escenografía, animarla, haciendo volar los objetos, los sombreros y los vestidos de las mujeres. «El viento, con sus excesos —subraya con justicia Gaston Bachelard—, es la rabia que se encuentra por todas partes y en ninguna, que nace y renace por sí misma, que gira y da vueltas. El viento que amenaza y que ruge, para tomar forma sólo cuando se encuentra con el polvo: visible se convierte en una desgracia. Puede ejercer todo su poder sobre las imaginaciones sólo gracias a una participación esencialmente dinámica.»[141]

Los excesos del viento y del polvo

En la primera secuencia de la película, Raimunda pide a su hija que ponga unas piedras en el vaso que está apoyado sobre la tumba de su madre para que el viento no se lo lleve. El viento es movimiento e indica que «para el hombre, nada está dado de una vez y para siempre», todo se mueve y el camino de la vida nos conduce ineluctablemente hacia el lugar donde empieza la película, es decir, hacia el cementerio y hacia la muerte. El viento y la muerte están indisolublemente conectados entre sí, junto con el amor, conformando la fascinante trilogía —Eolo, Eros y Tanatos— de la que surgen las imágenes más fuertes de la película: las astas de los molinos, con su movimiento perenne y desigual, el rojo de la pasión sobre la boca de Raimunda que, sin embargo, ya no desea más a nadie y, el cuchillo ensangrentado de la parricida.

Raimunda es un personaje al que no le interesa tanto vincularse sentimentalmente como reconciliarse con su propio pasado: en esta foto, durante la fiesta final, canta como una gitana para expresar su alegría y su sufrimiento.

«Puesto que debo morir, ya he muerto», decía Anne de Noailles, que conocía bien la vanidad de toda existencia.

Pero ¿cómo hacer para que esta muerte que tanto nos obsesiona sea menos definitiva? Si en un primer momento el director nos hace creer que comparte las difundidas supersticiones de su pueblo natal en materia de fantasmas, al final descubrimos que, en realidad, la madre no está muerta y que el incendio, en el que creían que murió, mató a su marido y a su rival, a aquélla que la ha reemplazado, a la madre *hippie* que Agustina busca por todas partes, incluso presentándose en un programa de televisión. Las llamas, que naturalmente nos hacen pensar en Medea y en la hoguera de la inquisición, no acabaron con la vida de la madre pero, de hecho, la han transformado en un espectro, obligándola a permanecer escondida en casa de su hermana —la tía Paula—, donde, a veces, los habitantes del pueblo tienen la impresión de verla.

El mundo, para un Almodóvar que declara su ateísmo a viva voz, se divide ahora en dos partes: una en la tierra y otra bajo tierra. Profundamente rural, el director encuadra con frecuencia la tierra y raramente el cielo, porque estamos arraigados a este elemento fundamental que nos ha dado la vida y hace crecer todo aquello que es necesario para nuestra supervivencia.

Si en Cannes la película recibió el premio al mejor guión es porque dicho guión está cuidadosamente forjado y elaborado en todos sus detalles y no presenta los aspectos rocambolescos característicos de otras obras del director.

Comparada con las películas precedentes, *Volver,* que pone en escena a un grupo de mujeres de un barrio popular del Madrid de nuestros días, cuenta una vivencia más bien lineal. No se detiene en consideraciones sociológicas o políticas. En realidad, al director le interesa, sobre todo, mostrar las raíces lejanas de una familia, raíces que se remontan a la mitología grecorromana (pensamos en los Atridas en particular) y ésta es la razón por la que la película funciona frente a un público que reencuentra en ella sus principales angustias: la maternidad, el estupro, el incesto, la muerte y, sobre todo, el deseo de eternidad, la voluntad de renacer o de no morir. Este «duro deseo de durar» está profundamente arraigado en Raimunda, la protagonista de la película, interpretada por Penélope Cruz, a quien algunos han comparado, tal vez un poco apresuradamente, con

Sophia Loren, de quien toma su aire resuelto, su carisma y su provocante manera de vestir, poniendo en evidencia un cuerpo carnoso y una gestualidad sensual. De hecho, volviendo a su admiración por el neorrealismo italiano ya evidente en *¿Qué he hecho yo para merecer esto!*, Pedro Almodóvar nos regala una película realista o tal vez naturalista, a pesar de la aparición ocasional de lo surrealista. Cuando la protagonista va a hacer las compras al mercado no podemos evitar el recuerdo de la Loren en *El oro de Nápoles* (1954, episodio «Pizza a crédito») de Vittorio de Sica. Una semejanza que resulta aún más curiosa si pensamos que, en 1972, Sophia Loren había interpretado el papel de Dulcinea en la película de Arthur Hiller *El hombre de La Mancha* (*Man of La Mancha*). «Desde las primeras páginas comprendí que ese papel estaba hecho para mí —ha declarado la actriz—. Es un personaje femenino con el que me identifico, pues es a la vez fuerte y frágil. Lo adoro porque comprendo sus reacciones, comparto sus heridas y su voluntad de vivir, de superar todas las pruebas de la vida.»[142]

Afrontando constantemente ecuaciones surrealistas y difíciles de sostener que, a pesar de todo, siempre logra hacerlas aceptables, el director termina por crear una vez más un universo propio y verdadero, aunque los colores algo exagerados, la presencia del *star-system* que emerge de tanto en tanto y los procedimientos demasiado obvios y conocidos, de alguna manera llegan a impedir, en parte, que se produzca la emoción y la identificación. ¿Quién podría creer que Penélope Cruz, que, sin embargo, demuestra ser una magnífica actriz, es una hija del pueblo? Cierto es que la magia del cine funciona, pero falta algo para que la protagonista se iguale verdaderamente con una «Ciociara»; aunque la referencia al neorrealismo es explícito en una de las últimas secuencias de la película: aquella en la que Irene, la madre, sentada frente al televisor en casa de la enferma Agustina, ve el rostro extenuado y trágico de la Magnani en una escena de *Bellisima* (1951) de Visconti, otra historia sobre una madre, una hija y el cine. ¿Es, tal vez, el efecto del color lo que hace que el clima sea menos emotivo? El blanco y negro se adapta mejor a los dramas, pero también es cierto que *Volver* no es un drama, y mucho menos una tragedia. Sin embargo, el fascinante ardor de la mirada de Penélope Cruz resplandece con miles de destellos, aun cuando está turbado por las lágrimas que hacen correr el rimel.

Volver es una reflexión siempre, y en cualquier caso, melodramática, sobre el modo en que la civilización occidental se enfrenta a la muerte y a sus consecuencias. «Con gran virtuosismo —escribe Vanina Arrighi de Casanova— Almodóvar se divierte haciéndonos reír con las grandes tragedias que nos cuenta, jugando con la emoción de los espectadores, siempre al filo de la navaja.»[143]

Una visión neorrealista de la muerte

Es posible dividir la película en tres partes: dos muertes y un regreso. La muerte de Paco, el marido de Raimunda y el único hombre que aparece en la película, asesinado por la hija adoptiva, Paula, de quince años, cuando intenta abusar de ella.

La muerte de la vieja tía Paula, que ya no conseguía ni siquiera reconocer a sus familiares.

A su muerte sigue el regreso o, podríamos decir, la reencarnación de la madre, figura tutelar que necesita volver y hacerse perdonar. Estos tres momentos son importantes, porque señalan las etapas de la evolución de la protagonista. Se repite también un desarrollo que hemos encontrado otras veces en el cine de Almodóvar: la muerte de uno hace renacer al otro o, por lo menos, permite que el otro sobreviva. No se trata del Mismo y del Otro, sino de una forma de transmigración, de un pasaje de órdenes. Cuando el marido de Raimunda, personaje odioso al que nadie llorará, es asesinado por su hija adoptiva, la única preocupación de las dos mujeres (madre e hija) es hacer desaparecer el cadáver. El cuerpo del hombre es molesto, agobiante, voluminoso, pretende imponerse por la fuerza a quien no quiere o nunca quiso saber de él, a quien tiene que ocuparse de otros (para empezar, de sí misma), de reconciliarse con su propia vida, con sus dolores enquistados. Encerrado en un congelador, que le servirá incluso de ataúd, Paco será enterrado a orillas del río, ahora seco, que tanto amaba. El congelador, por otra parte, es ya de por sí una suerte de ataúd y muy útil, porque impide la lenta descomposición de la vida. Dentro del congelador, el cuerpo del hombre también podría conservarse como es (carente de su molesta y fastidiosa vida), como los faraones embalsamados o como Dalí,

Volver es otra historia de mujeres típicamente almodovariana, en la que el único protagonista masculino de la película es un personaje desagradable que muere casi de inmediato.

quien, según se dice, inmerso en mercurio líquido, espera volver a la vida gracias a los progresos científicos. Pero con el acto de sacar las astillas del árbol y de enterrar el congelador, Raimunda permite que Paco acceda al reino de los muertos.

Se toma, incluso, el trabajo de grabar su nombre en un árbol, para conservar un rastro que encontrará fácilmente cuando vuelva a las orillas del río junto con su hermana, su madre y su hija. El rastro le servirá para comunicarse con su hija. Sugerirá el secreto que ella ha osado confesarle, marcando la diferencia con la conducta de su propia madre, cuya única propuesta es el silencio y lo no dicho. No obstante, la joven y sensual Raimunda guardaba afecto por Paco. En el fondo, él la había desposado y había consentido en adoptar a la niña. Aunque en los últimos tiempos se negara a estar con él, el signo tallado en el árbol tutelar es la prueba de la ternura que sentía hacia él, una situación que Pedro Almodóvar toma prestada de las fotonovelas de su juventud. Pero ¿qué cuenta tiene que saldar el director manchego con los hombres para que ofrecezca una visión tan negativa de ellos y haga desaparecer, casi inmediatamente, al único hombre de la familia?

El episodio del cadáver en el congelador coincide con la secuencia dedicada al restaurante que Raimunda decide reabrir después de la llegada de una compañía cinematográfica. Sin duda, este renacimiento está vinculado con la muerte de Paco, que significa una liberación para Raimunda, quien logrará beneficios económicos duraderos a partir de su encuentro con el mundo del cine. Pero detengámonos un instante sobre un detalle en particular: en España el agua está desapareciendo, el campo se muere a causa de la sequía, invadido por la aridez de una tierra que los vientos dispersan y que sólo sirve para cubrir a los muertos, como sucedía con el antiguo gesto

Volver puede leerse como una reflexión sobre el modo en el que la civilización occidental se enfrenta a la muerte y a sus consecuencias.

El renacimiento del restaurante se produce, paradójicamente, gracias a la muerte del marido de Raimunda. En las películas de Almodóvar, con frecuencia una muerte genera un renacimiento.

que Antígona repetía incansablemente sobre el cadáver de su hermano. En Occidente sólo el cine, arte ficticio que la sociedad de producción del director define en términos de deseo (El Deseo), logra restituirle sentido y vida a nuestro mortífero universo, frente a la vida que se desvanece y se apaga. La película propone, pues, una reflexión sobre nuestra sociedad, que no se nutre sólo de los mitos y de las imágenes, sino también de historias dramáticas, como demuestra la secuencia tragicómica de la «telerrealidad» o *reality show,* en la que Agustina, enferma de cáncer, debe ofrecer su testimonio en directo al público para poder operarse en Houston. Una situación que quiere ser al mismo tiempo cómica y conmovedora, pues se añade el hecho de que la presentadora del programa no es otra que la hermana de Agustina, que la desprecia y la utiliza para hacer carrera. En la escena que sigue a la muerte de Paco, en la que Raimunda asume toda la responsabilidad para proteger a su hija y liberarse de la culpa, sentimos que Pedro Almodóvar quiere, de hecho, rendir homenaje a Alfred Hitchcock, uno de sus maestros. Después de haber visto a Penélope Cruz lavando los platos en un picado desde arriba que muestra su provocador escote (de cuya autenticidad el director parece dudar —a pesar de haber declarado que Penélope Cruz tiene el escote más bello del mundo— si tenemos en cuenta la frase que le hace decir a la madre hacia el final de la película), volvemos a ver la misma toma cuando, después de limpiar la sangre que rodea el cuerpo de Paco que yace sobre el pavimento de la cocina, lava a conciencia, como una perfecta ama de casa, la hoja ensangrentada del cuchillo que ha servido para asesinar al monstruo.

«Que la bête meure»,[144] diría Chabrol, otro gran admirador del genial Hitchcock. Frente a esta escena, el espectador no experimenta compasión alguna, porque está convencido de que Paco, padre incestuoso, ha tenido su merecido. En realidad, como pronto descubriremos, Paco no era el padre de Paula. Pero esta precisión no lo exculpa de la acusación de pedofilia, desde el momento en que la muchacha es poco más que una especie de Lolita de la periferia. Arrastrado afuera del apartamento en medio de la noche por la madre y la hija, izado y escondido con gran esfuerzo en un gran congelador del restaurante que un vecino ha puesto en venta y ha confiado a Raimunda, el hombre seguirá ejerciendo su influencia sobre la familia porque, justamente, gracias a su muerte volverá a la vida este lugar de «engullimiento colectivo». Por fin, algo ha sucedido en la vida de Raimunda, cuya desbordante vitalidad no podía, a la larga, seguir inactiva. De hecho, ese lugar desolado y abandonado renace sólo cuando es atravesado por la muerte. Y entonces pasa a estar invadido por una atmósfera hitchcockiana, sobre todo en el momento en que la mujer es sorprendida en el almacén, quieta junto al congelador, por un director de cine que busca un restaurante para su compañía. Raimunda tiene miedo y le grita que no se acerque, pero el suspense no durará mucho tiempo. En realidad, el director de cine no llega a alimentar sospecha alguna, ni tampoco interviene ningún policía y nadie se preocupa por la desaparición de Paco. De hecho, no es esto lo que le interesa a Pedro Almodóvar: la analogía con sir Alfred se acaba aquí. La película no quiere ser ni una historia policial ni de suspense. El infeliz congelado no es más que un elemento del hilo conductor de una historia que habla de mujeres. Y cuando esté sepultado, poco después de la tía Paula, la cámara podrá, por fin, encuadrar la imagen de la

La película también propone una reflexión sobre nuestra sociedad, omnívora de mitos, imágenes e historias dramáticas, como demuestra la tragicómica secuencia de un reality en el que se ve envuelta Agustina.

madre. Volver, renacer. La habíamos entrevisto durante la primera y, sobre todo, la segunda visita a casa de la tía Paula, con el rostro pálido y aterrorizado, enmarcado por sus largos cabellos grises. Irene da miedo, es un fantasma, piensan los espectadores, aunque no les parece convincente. Una vez más debemos constatar que el director se divierte con su alusión a la película *Psicosis* de Hitchcock, en la que el protagonista, interpretado por Anthony Perkins, hacía revivir a su madre muerta y embalsamada.

En su primera y fugaz aparición, Carmen Maura, envejecida y arruinada, es una posible encarnación de Norman Bates.

El hombre de La Mancha y su madre

Raimunda inventa una excusa para no asistir al funeral de Paula y se queda en Madrid, mientras que su hermana, Sole, vuelve a su pueblo, a

La Mancha, todavía espantada por el fantasma de su madre. Cuando regresa a Madrid, descubre un extraño equipaje en el maletero: se trata de Irene, que no está muerta y que goza de demasiada buena salud como para ser un fantasma, a pesar de sus largos cabellos grises que se apresurará a teñir apenas haya entrado a la casa de su hija. Sole consiente en esconderla y, en una divertida secuencia, hacer creer a sus clientas que se trata de una rusa a quien ha acogido en su casa y que la ayuda en su trabajo como peluquera.

Otro gineceo más, porque el salón de peluquería es, por excelencia, un lugar exclusivo para las mujeres. Allí se encuentran, al abrigo de las miradas masculinas (con la única excepción de Almodóvar) y aprovechan para dedicarse a comentar habladurías y chismorreos. Las mujeres, lo hemos dicho varias veces, están omnipresentes en esta película en la que el director recrea el mismo ambiente pueblerino que aparece en *La flor de mi secreto*. Entretanto, para enterrar al marido que está guardado en el ataúd-congelador, Raimunda se hace acompañar por las dos mujeres que la han ayudado a organizar la primera cena del renacido restaurante: una prostituta con un corazón de oro y un ama de casa experta en exquisiteces culinarias.

De hecho, el entierro de Paco coincide con el renacimiento. Y tras este acontecimiento, liberada, sola y carente de deseos sexuales, la protagonista comienza a cambiar y a sentirse mejor. Y también por eso aceptará, al final, reencontrarse con su madre, a la que no quiso volver a ver debido al terrible secreto que encierra el nacimiento de Paula.

Raimunda ha emprendido el camino de la salvación. Reflexiona sobre su pasado, lo acepta y parece incluso abandonar toda forma de deseo sexual transformándose en una especie de espíritu puro; ella, que incluso cometió un incesto. Cuando durante la fiesta que celebra el final de la filmación, el director, que además es un guapo muchacho, la mira con insistencia, imaginamos que está por empezar una historia de amor, sobre todo en el instante en que vemos a la mujer, más bella que nunca, vestirse y maquillarse para la ocasión. Pero Raimunda sólo quiere cantar, como una gitana, para expresar su alegría y su sufrimiento, porque se ha reconciliado incluso con su hermana, que acaba de traerle la maleta de la tía Paula. La maleta contiene todos los tesoros de la anciana señora. Es uno

En las películas de Almodóvar nada está librado al azar: de hecho, no es una coincidencia que la reconciliación de Irene y Raimunda sobrevenga delante de un *graffiti* madrileño.

de los tantos objetos que guardan un secreto. Objetos transferenciales, casi mágicos, que hacen las veces de amuletos. Para comprender esto, basta con asistir a la muestra que la Cinémathèque de París ha dedicado al cineasta español. Los objetos y la música son las presencias que nos permiten soportar las penurias de la existencia y, por lo tanto, no es casual que el canto de Raimunda tenga lugar justamente en el momento en el que recupera la maleta.

Son dos modos de volver a unir el hilo de la vida con el pasado, de reencontrarse y también de aceptarse. Raimunda va más allá de sí misma y acepta cantar, ella que amaba tanto el canto y que lo había dejado porque su corazón estaba demasiado triste. Es un viejo tema de Carlos Gardel titulado justamente «Volver». Lo canta en el restaurante al que ha revivido. Lo que ella no sabe es que fuera, escondida en el coche, su madre escucha el bellísimo canto bañada en lágrimas. Almodóvar nos ofrece un concierto, como en *Hable con ella,* presentado en un insistente campo y contracampo, con una toma de dos encuadres especulares. De hecho, vemos a Raimunda a través de los cristales del restaurante y a la madre arrinconada a través de la ventanilla de la puerta posterior del coche. Irene encuentra incluso el coraje suficiente para levantar un poco la cabeza y ver mejor a su hija, de quien desde su llegada a Madrid vive escondiéndose bajo las camas y dentro de los armarios.

Cuando termina la canción, sin dejar de llorar, se tiende de nuevo sobre el asiento, en la misma posición en la que se encontraba cuando había logrado a duras penas sofocar la risa escuchando a la hija que hablaba de sus pedos. Es un recuerdo muy divertido. Parece casi como si, una vez más, Almodóvar quisiera impedir que prevalezcan la nostalgia y el llanto de la propia madre. Irene siempre se nos muestra en situaciones muy inverosímiles: en la oscuridad de la casa en el pueblo, en el maletero del coche, la mayoría de las veces debajo de la cama, desde donde sólo consigue avistar los pies y los tobillos de su hija. Cuando, al final, se produzca el reencuentro, se reencontrará también con la fuerza para vivir a la luz del día. En la escena del restaurante, Almodóvar la muestra tanto sola como prisionera, antes de la reconciliación final que las reunirá. De hecho, el doble encuadre buscado por el cineasta corresponde a todo lo no dicho que separa y aísla a las dos protagonistas. Madre e hija no han hablado jamás del terrible secreto que las atormenta: Raimunda, violada varias veces por su padre, terminó por huir a Madrid con su hija, que, en realidad, es también su hermana, negándose a volver a ver a su madre. Se reencuentran solamente gracias a una serie de circunstancias y las cosas retoman su lógica. La locura de la vida las había separado, la locura del viento las ha reunido.

En efecto, es justamente al volver al cementerio cuando la historia se cerrará, y no resulta sorprendente que sea una mujer condenada a muerte por el cáncer, Agustina, con el rostro esculpido como el de la Falconetti de Dreyer, quien sea la primera en tener el valor de hablar con Raimunda sobre el fantasma de su propia madre. También es necesario hablarle a este fantasma. «Hable con ella», le dice Agustina, que quiere saber el fin que ha tenido su madre. Si en un primer momento Raimunda piensa que la mujer se ha vuelto loca, comprenderá que Irene todavía sigue en vida gracias a la obstinación de Agustina. Y la vida vibra bajo el rumor del viento, bajo el sonido de los acordes angustiosos de Alberto Iglesias que vuelven a evocar *Hable con ella.*

Una vida transfigurada por el tango

Historia de cinco mujeres: la madre, las dos hijas, la nieta y la vecina, *Volver* propone cinco retratos femeninos distintos, cinco modos de enfrentar la vida y su corolario, la muerte. Está la visión de la adolescente, que todavía no conoce los sufrimientos, lo mejor es para ella. Se percibe que su carácter se verá fortalecido y templado como el de las otras, pero, por el momento, su conducta no está condicionada por ningún tipo de constricción. Se diría, incluso, que el descubrimiento de la abuela, obligada a esconderse en casa de Sole, la divierte. La bella Raimunda es el opuesto de su hermana. Sole, cuyo nombre evoca al astro del día —también si, en realidad, es el diminutivo de Soledad—, es mucho más sabia, está más pendiente de las desgracias ajenas. Y es la primera que descubre a la madre y la esconde. En cuanto a Irene, sólo cuando acepta salir de sus numerosos escondites se convierte en madre a todos los efectos. Su llegada a la ciudad coincide, para ella, con una especie de renacimiento. Al final, en un claro contraste con las magníficas mayólicas que adornan el patio de la casa del pueblo de La Mancha, se reconciliará con Raimunda sentada a espaldas de uno de los *grafitti* madrileños. Este escenario da cuenta de su paulatina adaptación a la ciudad, porque es justamente en Madrid donde podrá volver a empezar su vida. El quinto personaje femenino, Agustina, interpretada por Blanca Portillo, una nueva chica Almodóvar, está aún profundamente arraigada a su pueblo natal, al campo. Es pura y cándida, cree en los espíritus, piensa que terminará por reencontrar a su madre *hippie*. Es ella quien, en el pueblo, se hacía cargo de la tía Paula. Su rostro expresa dolor y, al contrario de las otras mujeres, que tienen los cabellos largos, los suyos están cortados casi como si fuera una deportada, como una enferma de cáncer, aun antes de serlo. Es íntegra, porque se niega a hablar en el programa de televisión, y expresa así su desacuerdo. Para ella, la llegada a Madrid significa el final de todas sus esperanzas. Ahí descubre, de hecho, que está enferma y que no podrá encontrar a su madre. Su regreso al pueblo representa simbólicamente el de las otras cuatro mujeres y justifica el hecho de que Irene, que tiene tanto que hacerse perdonar debido a su silencio frente al horror del incesto, se quede a su lado para acompañarla en su lecho de muerte. El círculo se cierra: la madre ha vuelto a la vida para ayudar a morir a una mujer. «Gracias a Agustina —escribe Yann Tobin— esta película casi perfecta puede sepultar las angustias relatadas en la aldea de la infancia imaginada por el cineasta.»[145] La aldea donde su madre, como ya dijimos, le enseñó que era posible inventar historias y contarlas.

Notas

1. En 1951, según algunos biógrafos, o el 24 de septiembre de 1952, según las declaraciones del propio Pedro Almodóvar el 10 de abril de 2002 al diario *Libération*.

2. Frédéric Strauss, *Pedro Almodóvar, un cine visceral: conversaciones con Frédéric Strauss*, Madrid, El País-Aguilar, 1995.

3. Entrada «Almodóvar», en la *Encyclopédie Universalis*.

4. Pedro Almodóvar, *Patty Diphusa, la Vénus des Lavabos*, París, Editions du Seuil, col. Points Roman, 1993, p. 111. Los textos fueron publicados con anterioridad en la prensa: *La Luna* (para *Patty Diphusa), Diario 16, El Globo, El Víbora*. Aunque hay una edición española (*Patty Diphusa y otros textos*, Barcelona, Anagrama), tomamos la referencia de la edición francesa por ser la que el autor ha utilizado.

5. Pedro Almodóvar, *Patty Diphusa, la Vénus des Lavabos*, París, Editions du Seuil, col. Points Roman, p. 118.

6. Pedro Almodóvar, *Patty Diphusa, la Vénus des Lavabos*, París, Editions du Seuil, col. Points Roman, 1993, p. 17.

7. Frédéric Strauss, *Pedro Almodóvar, un cine visceral: conversaciones con Frédéric Strauss*, Madrid, El País-Aguilar, 1995.

8. Los movimientos de oposición (obreros, estudiantes e intelectuales), muy activos en Madrid, el País Vasco y Cataluña, hicieron que se decretara el estado de excepción de enero a marzo de 1969.

9. Frédéric Strauss, *Pedro Almodóvar, un cine visceral: conversaciones con Frédéric Strauss*, Madrid, El País-Aguilar, 1995.

10. Juan Manuel Cuesta, en *Le Monde Diplomatique*, mayo de 2002, p. 2.

11. *Libération*, miércoles 26 de febrero de 2003, p. VI.

12. Pedro Almodóvar, *Patty Diphusa, la Vénus des Lavabos*, París, Editions du Seuil, col. Points Roman, 1993, p. 122.

13. Paul Obadia, *Pedro Almodóvar, l'iconoclaste*, París, Cerf-Corlet, 2002, p. 34.

14. Frédéric Strauss, *Pedro Almodóvar, un cine visceral: conversaciones con Frédéric Strauss*, Madrid, El País-Aguilar, 1995.

15. Frédéric Strauss, *Pedro Almodóvar, un cine visceral: conversaciones con Frédéric Strauss*, Madrid, El País-Aguilar, 1995.

16. Pedro Almodóvar, *Patty Diphusa, la Vénus des Lavabos*, París, Editions du Seuil, col. Points Roman, 1993, p. 159.

17. Pedro Almodóvar, *Patty Diphusa, la Vénus des Lavabos*, París, Editions du Seuil, col. Points Roman, 1993, pp. 115-117.

18. Frédéric Strauss, *Pedro Almodóvar, un cine visceral: conversaciones con Frédéric Strauss*, Madrid, El País-Aguilar, 1995.

19. Paul Obadia, *Pedro Almodóvar, l'iconoclaste*, París, Cerf-Corlet, 2002, p. 63.

20. Paul Obadia, *Pedro Almodóvar, l'iconoclaste*, París, Cerf-Corlet, 2002, p. 80.

21. Frédéric Strauss, *Pedro Almodóvar, un cine visceral: conversaciones con Frédéric Strauss*, Madrid, El País-Aguilar, 1995.

22. Frédéric Strauss, *Pedro Almodóvar, un cine visceral: conversaciones con Frédéric Strauss*, Madrid, El País-Aguilar, 1995.

23. Frédéric Strauss, *Pedro Almodóvar, un cine visceral: conversaciones con Frédéric Strauss*, Madrid, El País-Aguilar, 1995.

24. *Frédéric Strauss, Pedro Almodóvar, un cine visceral: conversaciones con Frédéric Strauss*, Madrid, El País-Aguilar, 1995.

25. Frédéric Strauss, *Pedro Almodóvar, un cine visceral: conversaciones con Frédéric Strauss*, Madrid, El País-Aguilar, 1995.

26. Frédéric Strauss, *Pedro Almodóvar, un cine visceral: conversaciones con Frédéric Strauss*, Madrid, El País-Aguilar, 1995.

27. Frédéric Strauss, *Pedro Almodóvar, un cine visceral: conversaciones con Frédéric Strauss*, Madrid, El País-Aguilar, 1995.

28. Pedro Almodóvar, *Patty Diphusa, la Vénus des Lavabos*, París, Editions du Seuil, col. Points Roman, 1993, p. 132.

29. Frédéric Strauss, *Pedro Almodóvar, un cine visceral: conversaciones con Frédéric Strauss*, Madrid, El País-Aguilar, 1995.

30. Frédéric Strauss, *Pedro Almodóvar, un cine visceral: conversaciones con Frédéric Strauss*, Madrid, El País-Aguilar, 1995.

31. Roland Barthes, *Fragmentos del discurso amoroso.*

32. Paul Obadia, *Pedro Almodóvar, l'iconoclaste*, París, Cerf-Corlet, 2002, p. 192.

33. Frédéric Strauss, *Pedro Almodóvar, un cine visceral: conversaciones con Frédéric Strauss*, Madrid, El País-Aguilar, 1995.

34. Frédéric Strauss, *Pedro Almodóvar, un cine visceral: conversaciones con Frédéric Strauss*, Madrid, El País-Aguilar, 1995.

35. *Libération*, 10 de abril de 2002.

36. *Telerama*, n.º 2.575. Señalemos sin embargo que en *Pepi, Luci, Bom y otras chicas del montón*, Cecilia Roth ya había interpretado un pequeño papel de presentadora.

37. Frédéric Strauss, *Pedro Almodóvar, un cine visceral: conversaciones con Frédéric Strauss*, Madrid, El País-Aguilar, 1995.

38. Frédéric Strauss, *Pedro Almodóvar, un cine visceral: conversaciones con Frédéric Strauss*, Madrid, El País-Aguilar, 1995.

39. Frédéric Strauss, *Pedro Almodóvar, un cine visceral: conversaciones con Frédéric Strauss*, Madrid, El País-Aguilar, 1995.

40. Marina Picasso, *Grand-père,* París, Gallimard, col. Folio, n.º 3818, 2001, p. 105.

41. Frédéric Strauss, *Pedro Almodóvar, un cine visceral: conversaciones con Frédéric Strauss*, Madrid, El País-Aguilar, 1995.

42. Frédéric Strauss, *Pedro Almodóvar, un cine visceral: conversaciones con Frédéric Strauss*, Madrid, El País-Aguilar, 1995.

43. Frédéric Strauss, *Pedro Almodóvar, un cine visceral: conversaciones con Frédéric Strauss*, Madrid, El País-Aguilar, 1995.

44. Frédéric Strauss, *Pedro Almodóvar, un cine visceral: conversaciones con Frédéric Strauss*, Madrid, El País-Aguilar, 1995.

45. Frédéric Strauss, *Pedro Almodóvar, un cine visceral: conversaciones con Frédéric Strauss*, Madrid, El País-Aguilar, 1995.

46. Frédéric Strauss, *Pedro Almodóvar, un cine visceral: conversaciones con Frédéric Strauss*, Madrid, El País-Aguilar, 1995.

47. Bajo la dirección de Michel Cazenave, *Encyclopédie des symboles,* París, Le Livre de Poche, 1996, p. 22.

48. *Les Cahiers du Cinema,* n.º 451, enero de 1992, p. 27.

49. A excepción quizás de los fotógrafos *kitsch* Pierre & Gilles.

50. Ovidio, *La metamorfosis.*

51. *Le Temps,* Genève, 15 de mayo de 1999.

52. Frédéric Strauss, *Pedro Almodóvar, un cine visceral: conversaciones con Frédéric Strauss,* Madrid, El País-Aguilar, 1995.

53. *Positif,* n.º 494, abril de 2002.

54. *CinéLibre,* n.º 89, abril de 2002.

55. Salvador Dalí, *Muchacha en la ventana,* 1925 (Centro de Arte Reina Sofía, Madrid).

56. Frédéric Strauss, *Pedro Almodóvar, un cine visceral: conversaciones con Frédéric Strauss,* Madrid, El País-Aguilar, 1995.

57. Frédéric Strauss, *Pedro Almodóvar, un cine visceral: conversaciones con Frédéric Strauss,* Madrid, El País-Aguilar, 1995.

58. Pedro Almodóvar, *Patty Diphusa, la Vénus des Lavabos,* París, Editions du Seuil, col. Points Roman, 1993, p. 151.

59. Frédéric Strauss, *Pedro Almodóvar, un cine visceral: conversaciones con Frédéric Strauss,* Madrid, El País-Aguilar, 1995.

60. Frédéric Strauss, *Pedro Almodóvar, un cine visceral: conversaciones con Frédéric Strauss,* Madrid, El País-Aguilar, 1995.

61. Frédéric Strauss, *Pedro Almodóvar, un cine visceral: conversaciones con Frédéric Strauss,* Madrid, El País-Aguilar, 1995.

62. Pedro Almodóvar, *Patty Diphusa, la Vénus des Lavabos,* París, Editions du Seuil, col. Points Roman, 1993, p. 135.

63. Película de King Vidor, 1947.

64. Paul Obadia, *Pedro Almodóvar, l'iconoclaste,* París, Cerf-Corlet, 2002, p. 77.

65. *Espérame en el cielo, corazón.*

66. *Pedro Almodóvar, conversaciones con Frédéric Strauss,* París, Les Cahiers du cinema, 1994, p. 90.

67. Pedro Almodóvar, *Patty Diphusa, la Vénus des Lavabos,* París, Editions du Seuil, col. Points Roman, 1993, p. 160.

68. Frédéric Strauss, *Pedro Almodóvar, un cine visceral: conversaciones con Frédéric Strauss,* Madrid, El País-Aguilar, 1995.

69. Los de *Otto e mezzo.*

70. *Fellini par Fellini, Entretiens avec Giovanni Grazzini,* París, Calamann-Levy, 1984, p. 85.

71. *Fellini par Fellini, Entretiens avec Giovanni Grazzini,* París, Calamann-Levy, 1984, p. 85.

72. Frédéric Strauss, *Pedro Almodóvar, un cine visceral: conversaciones con Frédéric Strauss*, Madrid, El País-Aguilar, 1995.

73. *Tutto e santo.*

74. Pedro Almodóvar, *Patty Diphusa, la Vénus des Lavabos*, París, Editions du Seuil, col. Points Roman, 1993, p. 137.

75. Truman Capote, *Música para camaleones.*

76. Frédéric Strauss, *Pedro Almodóvar, un cine visceral: conversaciones con Frédéric Strauss*, Madrid, El País-Aguilar, 1995.

77. Frédéric Strauss, *Pedro Almodóvar, un cine visceral: conversaciones con Frédéric Strauss*, Madrid, El País-Aguilar, 1995.

78. Frédéric Strauss, *Pedro Almodóvar, un cine visceral: conversaciones con Frédéric Strauss*, Madrid, El País-Aguilar, 1995.

79. Frédéric Strauss, *Pedro Almodóvar, un cine visceral: conversaciones con Frédéric Strauss*, Madrid, El País-Aguilar, 1995.

80. En *La flor de mi secreto.*

81. En *Pepi, Luci, Bom y otras chicas del montón.*

82. En *Carne trémula.*

83. Paul Obadia, *Pedro Almodóvar, l'iconoclaste*, París, Cerf-Corlet, 2002, p. 139.

84. Frédéric Strauss, *Pedro Almodóvar, un cine visceral: conversaciones con Frédéric Strauss*, Madrid, El País-Aguilar, 1995.

85. Frédéric Strauss, *Pedro Almodóvar, un cine visceral: conversaciones con Frédéric Strauss*, Madrid, El País-Aguilar, 1995.

86. En *Le Monde*, 10 de abril de 2002.

87. Frédéric Strauss, *Pedro Almodóvar, un cine visceral: conversaciones con Frédéric Strauss*, Madrid, El País-Aguilar, 1995.

88. Frédéric Strauss, *Pedro Almodóvar, un cine visceral: conversaciones con Frédéric Strauss*, Madrid, El País-Aguilar, 1995.

89. Frédéric Strauss, *Pedro Almodóvar, un cine visceral: conversaciones con Frédéric Strauss*, Madrid, El País-Aguilar, 1995.

90. Frédéric Strauss, *Pedro Almodóvar, un cine visceral: conversaciones con Frédéric Strauss*, Madrid, El País-Aguilar, 1995.

91. Frédéric Strauss, *Pedro Almodóvar, un cine visceral: conversaciones con Frédéric Strauss*, Madrid, El País-Aguilar, 1995.

92. Frédéric Strauss, *Pedro Almodóvar, un cine visceral: conversaciones con Frédéric Strauss*, Madrid, El País-Aguilar, 1995.

93. Pedro Almodóvar, *Patty Diphusa, la Vénus des Lavabos,* París, Editions du Seuil, col. Points Roman, 1993, p. 112.

94. Paul Obadia, *Pedro Almodóvar, l'iconoclaste,* París, Cerf-Corlet, 2002, p. 163.

95. Frédéric Strauss, *Pedro Almodóvar, un cine visceral: conversaciones con Frédéric Strauss,* Madrid, El País-Aguilar, 1995.

96. Pedro Almodóvar, *Patty Diphusa, la Vénus des Lavabos,* París, Editions du Seuil, col. Points Roman, 1993, p. 113.

97. El Deuteronomio, quinto libro de Moisés, capítulo 28.

98. *Telerama,* n.º 2.575, del 22 al 28 de mayo de 1999, p. 28.

99. *Le Monde,* 10 de abril de 2002.

100. *Positif,* n.º 494, abril de 2002.

101. Pedro Almodóvar, *Patty Diphusa, la Vénus des Lavabos,* París, Editions du Seuil, col. Points Roman, 1993, p. 105.

102. Paul Obadia, *Pedro Almodóvar, l'iconoclaste,* París, Cerf-Corlet, 2002, p. 50.

103. Leo es Amanda Gris, un secreto bien guardado hasta la fecha.

104. Frédéric Strauss, *Pedro Almodóvar, un cine visceral: conversaciones con Frédéric Strauss,* Madrid, El País-Aguilar, 1995.

105. Pedro Almodóvar, *Patty Diphusa, la Vénus des Lavabos,* París, Editions du Seuil, col. Points Roman, 1993, p. 111.

106. Frédéric Strauss, *Pedro Almodóvar, un cine visceral: conversaciones con Frédéric Strauss,* Madrid, El País-Aguilar, 1995.

107. *Le Monde* del 10 de abril de 2002.

108. Vincent Remy, *Telerama* n.º 2.575 del 22 al 28 de mayo de 1999.

109. Frédéric Strauss, *Pedro Almodóvar, un cine visceral: conversaciones con Frédéric Strauss,* Madrid, El País-Aguilar, 1995.

110. Frédéric Strauss, *Pedro Almodóvar, un cine visceral: conversaciones con Frédéric Strauss,* Madrid, El País-Aguilar, 1995.

111. Frédéric Strauss, *Pedro Almodóvar, un cine visceral: conversaciones con Frédéric Strauss,* Madrid, El País-Aguilar, 1995.

112. Frédéric Strauss, *Pedro Almodóvar, un cine visceral: conversaciones con Frédéric Strauss,* Madrid, El País-Aguilar, 1995.

113. Frédéric Strauss, *Pedro Almodóvar, un cine visceral: conversaciones con Frédéric Strauss,* Madrid, El País-Aguilar, 1995.

114. Pedro Almodóvar, *Patty Diphusa, la Vénus des Lavabos,* París, Editions du Seuil, col. Points Roman, 1993, p. 97.

115. Frédéric Strauss, *Pedro Almodóvar, un cine visceral: conversaciones con Frédéric Strauss*, Madrid, El País-Aguilar, 1995.

116. Frédéric Strauss, *Pedro Almodóvar, un cine visceral: conversaciones con Frédéric Strauss*, Madrid, El País-Aguilar, 1995.

117. Frédéric Strauss, *Pedro Almodóvar, un cine visceral: conversaciones con Frédéric Strauss*, Madrid, El País-Aguilar, 1995.

118. Frédéric Strauss, *Pedro Almodóvar, un cine visceral: conversaciones con Frédéric Strauss*, Madrid, El País-Aguilar, 1995.

119. Frédéric Strauss, *Pedro Almodóvar, un cine visceral: conversaciones con Frédéric Strauss*, Madrid, El País-Aguilar, 1995.

120. Frédéric Strauss, *Pedro Almodóvar, un cine visceral: conversaciones con Frédéric Strauss*, Madrid, El País-Aguilar, 1995.

121. Frédéric Strauss, *Pedro Almodóvar, un cine visceral: conversaciones con Frédéric Strauss*, Madrid, El País-Aguilar, 1995.

122. Frédéric Strauss, *Pedro Almodóvar, un cine visceral: conversaciones con Frédéric Strauss*, Madrid, El País-Aguilar, 1995.

123. Frédéric Strauss, *Pedro Almodóvar, un cine visceral: conversaciones con Frédéric Strauss*, Madrid, El País-Aguilar, 1995.

124. Frédéric Strauss, *Pedro Almodóvar, un cine visceral: conversaciones con Frédéric Strauss*, Madrid, El País-Aguilar, 1995.

125. Frédéric Strauss, *Pedro Almodóvar, un cine visceral: conversaciones con Frédéric Strauss*, Madrid, El País-Aguilar, 1995.

126. Frédéric Strauss, *Pedro Almodóvar, un cine visceral: conversaciones con Frédéric Strauss*, Madrid, El País-Aguilar, 1995.

127. Pedro Almodóvar, *Patty Diphusa la Vénus des Lavabos*, París, Editions du Seuil, col. Points Roman, 1993, p. 157.

128. Frédéric Strauss, *Pedro Almodóvar, un cine visceral: conversaciones con Frédéric Strauss*, Madrid, El País-Aguilar, 1995.

129. Paul Obadia, *Pedro Almodóvar, l'iconoclaste*, París, Cerf-Corlet, 2002, p. 151.

130. Paul Obadia, *Pedro Almodóvar, l'iconoclaste*, París, Cerf-Corlet, 2002, p. 152.

131. Paul Obadia, *Pedro Almodóvar, l'iconoclaste*, París, Cerf-Corlet, 2002, p. 156.

132. «En realidad, uno no controla ni su vida, ni su obra. Aunque hay que intentar desesperadamente controlar al menos la obra», en *Le Monde,* entrevista de Pedro Almodóvar con Florence Colombani, 12 de mayo de 2004.

133. En *Le Monde,* entrevista de Pedro Almodóvar con Florence Colombani, 12 de mayo de 2004.

134. *Positif,* n.º 519, mayo de 2004.

135. Gerard Lefort en *Libération,* 12 de mayo 2004.

136. *Trois Couleurs,* 23 de mayo de 2004.

137. *Le Monde,* entrevista de Pedro Almodóvar con Florence Colombani, 12 de mayo de 2004.

138. En *Libération,* entrevista de Pedro Almodóvar con Ange-Dominique Bouzet, 12 de mayo de 2004.

139. En *Le Monde,* entrevista de Pedro Almodóvar con Florence Colombani, 12 de mayo de 2004.

140. En www.fluctuat.net.

141. Gaston Bachelard, «Psicanalisi dell'aria», en *Red,* Como, 1997.

142. En *Le Figaro,* Jean-Luc Wachthausen, «Entrevista a Penelope Cruz», 17 de mayo de 2006.

143. En www.fluctuat.net.

144. Título original del film *Accidente sin huella,* 1969.

145. *Positif,* n.º 543, mayo de 2006.

Filmografía

Pepi, Luci, Bom y otras chicas del montón (1980)

Dirección y guión: Pedro Almodóvar.
Fotografía: Paco Femenia.
Sonido: Miguel Polo.
Montaje: José Salcedo.
Producción: Figaro Films.
Duración: 80 min.
Intérpretes: Carmen Maura (Pepi), Olvido Gara «Alaska» (Bom), Eva Siva (Luci), Felix Rotaeta (el policía), Kitty Manver (la cantante), Julieta Serrano (la actriz), Concha Gregori (Charito), Cecilia Roth (la presentadora).

Laberinto de pasiones (1982)

Dirección y guión: Pedro Almodóvar.
Fotografía: Ángel Luis Fernández.
Sonido: Martin Müller.
Montaje: José Salcedo.
Decorados: Pedro Almodóvar, con la colaboración de Ouka Lele, Guillermo Pérez Villalta, Costus, Pablo P. Minguez, Javier P. Grueso, Carlos Berlanga, Fabio de Miguel.

Canciones: Pedro Almodóvar.
Producción: Alphaville.
Duración: 100 min.
Intérpretes: Cecilia Roth (Sexilia), Imanol Arias (Riza Niro), Helga Line (Toraya), Marta Fernández Muro (Queti), Fernando Vivanco (el médico), Fanny McNamara (Fabio), Antonio Banderas (Sadec), Ángel Alcazar (Eusebio), Cristina Sánchez Pascual (la amiga de Eusebio), Agustín Almodóvar (Hassan).

Entre tinieblas (1983)

Dirección y guión: Pedro Almodóvar.
Fotografía: Ángel Luis Fernández.
Sonido: Martin Müller, Armin Fausten.
Montaje: José Salcedo.
Decorados: Pin Morales, Román Arango.
Canciones: «Salí porque salí», «Dime», «Encadenados» por Sol Pilas.
Producción: Tesauro S. A. y Luis Calvo.
Duración: 115 min.
Intérpretes: Cristina S. Pascual (Yolanda), Julieta Serrano (la madre superiora), Marisa Paredes (sor Estiércol), Carmen Maura (sor Perdida), Chus Lampreave (sor Rata de Callejón), Lina Canalejas (sor Víbora), Mary Carrillo (la marquesa), Eva Siva (Antonia), Antonio Banderas (el cartero).

¿Qué he hecho yo para merecer esto! (1984)

Dirección y guión: Pedro Almodóvar.
Fotografía: Ángel Luis Fernández.
Sonido: Bernardo Menz.
Montaje: José Salcedo.
Decorados: Pin Morales y Román Arango.
Vestuario: Cecilia Roth.
Música: Bernardo Bonezzi.

Canciones: «La bien pagá» por Miguel Molina, «Nur nicht aus Liebe Weinen» por Zarah Leander.
Producción: Tesauro S. A.
Duración: 102 min.
Intérpretes: Carmen Maura (Gloria), Ángel de Andrés López (Antonio), Chus Lampreave (la abuela), Verónica Forqué (Cristal), Kitty Manver (Juani), Juan Martínez (Toni), Gonzalo Suárez (Lucas), Amparo Soler Leal (Patricia), Jaime Chavarri (un cliente de Cristal), Katia Loritz (Ingrid Miiller), Francisca Caballero (una paciente del dentista), Agustín Almodóvar (un cajero del banco).

Matador (1985)

Dirección: Pedro Almodóvar.
Guión: Pedro Almodóvar con la colaboración de Jesús Ferrero.
Fotografía: Ángel Luis Fernández.
Sonido: Bernard Orthion y Tino Azores.
Montaje: José Salcedo.
Decorados: Román Arango, José Morales y Josep Rosell.
Música: Bernardo Bonezzi.
Canciones: «Espérame en el cielo, corazón» por Mina.
Producción: Andrés Vicente Gómez, Cia. Iberoamericana de TV, S. A.
Duración: 96 min.
Intérpretes: Assumpta Serna (María Cardenal), Nacho Martínez (Diego), Antonio Banderas (Ángel), Eva Cobo (Eva), Julieta Serrano (Berta), Chus Lampreave (Pilar), Carmen Maura (Julia), Eusebio Poncela (el comisario), Bibí Andersen (la vendedora de flores), Verónica Forqué (una periodista) Jaime Chavarri (el cura), Agustín Almodóvar (un policía).

La ley del deseo (1986)

Dirección y guión: Pedro Almodóvar.
Fotografía: Ángel Luis Fernández.

Sonido: James Willis.

Decorados: Javier Fernández.

Música: *Tango* de Stravinski, *Sinfonía n.º 10* de Shostakovich.

Canciones: «Lo dudo» por Los Panchos, «Ne me quitte pas» por Maysa Matarazzo, «Guarda che luna» por Fred Bongusto, «Déjame recordar» por Bola de Nieve, «Susan Get Down» y «Satanasa» por Pedro Almodóvar y McNamara.

Producción: El Deseo y Lauren Films S. A.

Duración: 100 min.

Intérpretes: Eusebio Poncela (Pablo Quintero), Antonio Banderas (Antonio Benítez), Carmen Maura (Tina Quintero), Miguel Molina (Juan), Bibí Andersen (la madre de Ada), Manuela Velasco (Ada), Fernando Guillén (el inspector), Nacho Martínez (el doctor), Helga Line (la madre de Antonio), Germán Cobos (el cura), Agustín Almodóvar (el abogado).

Mujeres al borde de un ataque de nervios (1987)

Dirección y guión: Pedro Almodóvar.

Fotografía: José Luis Alcaine.

Sonido: Gilles Orthion.

Montaje: José Salcedo.

Decorados: Félix Murcia.

Música: Bernardo Bonezzi.

Canciones: «Soy infeliz» por Lola Beltran, «Puro teatro» por La Lupe.

Producción: El Deseo S. A.

Duración: 95 min.

Intérpretes: Carmen Maura (Pepa), Fernando Guillén (Ivan), Julieta Serrano (Lucía), Antonio Banderas (Carlos), María Barranco (Candela), Rossy de Palma (Marisa), Kitty Manver (Paulina), Loles León (Cristina), Chus Lampreave (la portera), Guillermo Montesinos (el taxista), Francisca Caballero (la presentadora), Agustín Almodóvar (el empleado de la agencia inmobiliaria).

¡Átame! (1989)

Dirección y guión: Pedro Almodóvar.
Fotografía: José Luis Alcaine.
Sonido: Golstein y Stenberg S. A.
Montaje: José Salcedo.
Decorados: Ferrán Sánchez.
Música: Ennio Morricone.
Canciones: «Resistiré» de Carlos Toro Montoro y Manuel de la Calva, «Cancion del alma» de Los Coyotes interpretada por Loles León, «Celos» de Jacob Gade, «Satanasa» de Fabio de Miguel, Pedro Almodóvar y Bernardo Bonezzi.
Producción: El Deseo S. A.
Duración: 101 min.
Intérpretes: Victoria Abril (Marina), Antonio Banderas (Ricki), Francisco Rabal (Maximo Espejo), Loles León (Lola), Julieta Serrano (Alma), María Barranco (Berta), Rossy de Palma (la chica de la vespa), Lola Cardona (la directora del hospital), Francisca Caballero (la madre de Marina), Agustín Almodóvar (el farmacéutico).

Tacones lejanos (1991)

Dirección y guión: Pedro Almodóvar.
Fotografía: Alfredo Mayo.
Sonido: Jean-Paul Mugel.
Montaje: José Salcedo.
Decorados: Pierre-Louis Thevenet.
Música: Ryuichi Sakamoto.
Otras músicas: «Soleá y Saeta» por Miles Davis, «Beyond My Control» y «A Final Request» por George Fenton.
Canciones: «Piensa en mí» y «Un año de amor» por Luz Casal, «Pecadora» por Los Hermanos Rosario.
Producción: El Deseo S. A. y Ciby 2000.
Duración: 113 min.

Intérpretes: Victoria Abril (Rebeca), Marisa Paredes (Becky del Páramo), Miguel Bosé (el juez, Femme Letal, Hugo), Pedro Diez del Corral (Alberto), Feodor Atkine (Manuel), Bibí Andersen (Susana *La Cimarrona*), Miriam Díaz Aroca (Isabel), Nacho Martínez (Juan), Cristina Marcos (Paula), Ana Lizarán (Margarita), Rocío Munoz (Rebeca niña), Mayrata O'Wisiedo (la madre del juez).

Kika (1993)

Dirección y guión: Pedro Almodóvar.
Fotografía: Alfredo Mayo.
Sonido: Jean-Paul Mugel.
Montaje: José Salcedo.
Decorados: Javier Fernández y Alain Baine.
Música: *Danza española n.º 5* de Enrique Granados Campina, *Concierto para bongo* de Pérez Prado, *Fragmentos de suite* para *Psycho* de Bernard Herrmann, *Youkali Tango Habanera* de Kurt Weill, *La Comparsita* de Matos Rodríguez.
Canciones: «Se nos rompió el amor» por Fernanda y Bernarda, «Luz de luna» por Chavela Vargas.
Producción: El Deseo S. A. y Ciby 2000.
Duración: 112 min.
Intérpretes: Verónica Forqué (Kika), Victoria Abril (Andrea), Peter Coyote (Nicholas), Àlex Casanovas (Ramón), Rossy de Palma (Juana), Santiago Lajusticia (Paul Bazzo), Anabel Alonso (Amparo), Bibí Andersen (Susana), Charo Lopez (la madre de Ramón), Francisca Caballero (Doña Paquita), Agustín Almodóvar (un obrero).

La flor de mi secreto (1995)

Dirección y guión: Pedro Almodóvar.
Fotografía: Affonso Beato.
Montaje: José Salcedo.

Decorados: Wolfgang Burmann y Miguel López Pelegrín.
Vestuario: Hugo Mezcua.
Música: Alberto Iglesias.
Producción: El Deseo S. A. y Ciby 2000.
Duración: 102 min.
Intérpretes: Marisa Paredes (Leo), Juan Echanove (Ángel), Carmen Elías (Betty), Imanol Arias (Paco), Rossy de Palma (Rosa), Chus Lampreave (la madre de Leo y Rosa).

Carne trémula (1997)

Dirección: Pedro Almodóvar.
Guión: Pedro Almodóvar, con la colaboración de Ray Loriga y Jorge Guerrigaechevarría, basado en una novela de Ruth Rendell, *Live Flesh*.
Fotografía: Affonso Beato.
Sonido: Bernardo Menz.
Montaje: José Salcedo.
Música: Alberto Iglesias.
Producción: El Deseo S. A., Ciby 2000 y France 3 Cinéma.
Duración: 99 min.
Intérpretes: Javier Bardem (David de Paz), Francesca Neri (Elena Benedetti), Liberto Rabal (Víctor Plaza), Ángela Molina (Clara), José Sancho (Sancho), Penélope Cruz (Isabel Plaza), Pilar Bardem (doña Centro), Álex Angulo (conductor del autobús).

Todo sobre mi madre (1999)

Dirección y guión: Pedro Almodóvar.
Fotografía: Affonso Beato.
Sonido: Miguel Rejas.
Montaje: José Salcedo.
Música: Alberto Iglesias.
Producción: El Deseo S. A., Renn Productions, France 2, Canal+.

Duración: 100 min.
Intérpretes: Cecilia Roth (Manuela), Marisa Paredes (Huma), Antonia San Juan (Agrado), Penélope Cruz (Rosa), Candela Peña (Nina), Rosa María Sardá (la madre de Rosa), Eloy Azorín (Esteban, hijo de Manuela), Fernando Fernán Gómez (el padre de Rosa).

Hable con ella (2002)

Dirección y guión: Pedro Almodóvar.
Fotografía: Javier Aguirresarobe.
Montaje: José Salcedo.
Música: Alberto Iglesias.
Canciones: «Cucurrucucú, paloma» por Caetano Veloso.
Producción: El Deseo S. A.
Duración: 112 min.
Intérpretes: Javier Cámara (Benigno), Darío Grandinetti (Marco), Rosario Flores (Lydia), Leonor Watling (Alicia), Geraldine Chaplin (la profesora de ballet), Mariola Fuentes (Rosa), Paz Vega (Amparo).

La mala educación (2004)

Dirección y guión: Pedro Almodóvar.
Fotografía: José Luis Alcaine.
Decorados: Antxón Gómez.
Vestuario: Paco Delgado, con la colaboración especial del diseñador Jean-Paul Gaultier.
Sonido: Miguel Rejas.
Montaje: José Salcedo.
Música: Alberto Iglesias.
Productor: Agustín Almodóvar.
Productor ejecutivo: Esther García.
Producción: El Deseo.
Duración: 105 min.

Intérpretes: Gael García Bernal (Ángel/Juan/ Zahara), Fele Martínez (Enrique Goded), Daniel Giménez Cacho (el padre Manolo), Javier Cámara (Paquito), Lluís Homar (señor Berenguer), Francisco Boira (Ignacio), Francisco Maestre (el padre José), Juan Fernández (Martín), Ignacio Pérez (Ignacio niño), Raúl Forneiro (Enrique niño), Petra Martínez (la madre de Ignacio).

Volver (2006)

Dirección y guión: Pedro Almodóvar.
Fotografía: José Luís Alcaine.
Dirección artística: Salvador Parra.
Decorados: Mara Matey
Vestuario: Bina Daigeler.
Sonido: José Antonio Bermúdez y Miguel Rejas.
Montaje: José Salcedo.
Música: Alberto Iglesias.
Productor: Agustín Almodóvar.
Productor ejecutivo: Esther García.
Producción: El Deseo.
Duración: 115 min.
Intérpretes: Penélope Cruz (Raimunda), Carmen Maura (abuela Irene), Lola Dueñas (Sole), Blanca Portillo (Agustina), Yohana Cobo (Paula) Chus Lampreave (tía Paula), Antonio de la Torre (Paco).

Bibliografía

Almodóvar, Pedro. *La fleur de mon secret, scénario*, París, Éditions du Levant, 1995, 190 págs., ilustrado.

Almodóvar, Pedro, *Le feu aux entrailles (Fuego en las entrañas)*, ilustrado por Milo Manara, París, La Sirena, 1992, 78 págs., ilustrado.

Almodóvar, Pedro, *Patty Diphusa, la Vénus des lavabos*, París, Éditions du Seuil, colección Points, 1991, 198 págs. (Edición española: *Patty Diphusa y otros textos*, Barcelona, Anagrama.)

Almodóvar, Pedro, *Tout sur ma mère, scénario bilingüe*, París, Éditions des Cahiers du cinéma, colección Petite Bibliothèque des Cahiers du cinéma, 1999, 206 págs., ilustrado.

Eclipses, n.º 36, «Pedro Almodóvar, À corps et accords», enero 2004, 158 págs., ilustrado.

García de León, María Antonia y Teresa Maldonado, *Pedro Almodóvar, la otra España cañí (sociología y crítica cinematográficas)*, Toledo, Biblioteca de autores y temas manchegos, 1989, 290 págs., ilustrado.

Holguín, Antonio, *Pedro Almodóvar*, Madrid, Cátedra, colección Signo e Imagen/Cineastas, 1999, 436 págs., ilustrado.

Les Inrockuptibles, «Les inrocks 2», número extraordinario, París, mayo de 2004, 98 págs., ilustrado.

Murcia, Claude, *Femmes au bord de la crise de nerfs, étude critique*, París, Nathan, colección Synopsis, n.º 23, 1995, 115 págs., ilustrado.

Obadia, Paul, *Pedro Almodóvar, l'iconoclaste,* París, Cerf-Corlet, 2002, 254 págs., ilustrado.

Strauss, Frédéric, *Pedro Almodóvar, un cine visceral: conversaciones con Frédéric Strauss,* Madrid, El País-Aguilar, 1995.

Vidal, Núria, *El cine de Pedro Almodóvar,* Barcelona, Destino, col. Destino-libro, volumen 285, 1988, 446 págs., ilustrado.

Yarza, Alejandro, *Un caníbal en Madrid. La sensibilidad camp y el reciclaje de la historia en el cine de Pedro Almodóvar,* Madrid, Libertarias, 1999, 226 págs., ilustrado.

Algunas páginas en internet

http://www.egeda.es/eldeseo/default.asp
Página oficial de la productora de Pedro Almodóvar, El Deseo.

http://www.clubcultura.com/clubcine/clubcineastas/almodovar/index.htm
Link para acceder directamente a la página oficial de Pedro Almodóvar.

http: //www.multimania.com/lastrada/sommaire.htm
Una página muy completa de un fan.

http://www.almodovarlandia.com
Una biblia cuyo contenido bien vale una visita.

http: //www.arterealidad.com/varios/palmodovar.html
El mundo femenino de Pedro Almodóvar.

http: //www.hachette.es/elle/98mar/c_des03.htm
24 horas en la vida de Pedro Almodóvar.

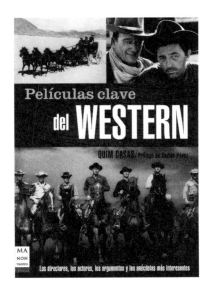

Películas clave del western
Quim Casas

Películas clave del western es un largo y panorámico recorrido por la evolución del género a partir de cien películas clave del mismo. Cada una de ellas es importante por algún motivo en la historia del cine, y en el texto se contextualiza cada película, se define su importancia y documenta su gestación.

Pero el western no sería nada sin sus actores, directores y escritores, sin quienes pusieron las palabras y dieron voz y gesto a los personajes legendarios. El libro incluye también textos sobre treinta verdaderos iconos del género, de John Ford a Clint Eastwood pasando por Henry Fonda, Gary Cooper, James Stewart, Anthony Mann o Sam Peckinpah.

Películas clave de la historia del cine
Claude Beylie

Tanto los cinéfilos como los estudiantes de audiovisuales o los espectadores descubrirán en esta obra los grandes filmes que jalonan la trayectoria del séptimo arte hasta nuestros días.

Con más de 200 títulos comentados, la presente obra permite situar de inmediato una película, un director, un género y una escuela en la historia del cine a través de una precisa ficha de datos: guionistas, realizadores, directores de fotografía, autores de bandas sonoras, productores, técnicos, intérpretes o duración del filme, entre otros detalles. Además, se incluyen comentarios sobre el guión y el argumento de cada película, así como un sucinto análisis general y citas de la crítica.

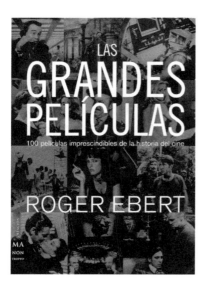

Las grandes películas
Roger Ebert

En esta obra sorprende que coexistan filmes infantiles, juveniles, clásicos y de vanguardia. Es una elección más orientada a indagar en cien grandes producciones que en una siempre difícil y dudosa selección de las mejores películas. Roger Ebert despliega su cultura cinematográfica con todo tipo de informaciones sobre las películas, las vidas de los directores e interesantes episodios de los rodajes que arrojan luz sobre aspectos desconocidos de los mismos.

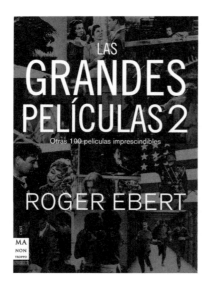

Las grandes películas 2
Roger Ebert

Este libro prosigue el camino que Ebert inició con el volumen anterior, *Las grandes películas*. En esta segunda entrega, el autor pone nuevamente a disposición de los lectores su exquisito talento a la hora de seleccionar las películas más interesantes de la historia del cine. En definitiva, una obra apasionante en la que Roger Ebert proporciona las herramientas necesarias para ver y apreciar las películas más emblemáticas de la cinematografía mundial.

El libro juego del cine
Pierre Murat y Michel Grisolia

Si es un apasionado cinéfilo y domina todo cuanto sobre esta materia se puede saber, o si siente curiosidad por conocer el mundo del cine, este manual es idóneo para usted. *El libro juego del cine* le permitirá saber todo acerca del séptimo arte; desde los géneros, el montaje, los realizadores y los mitos, entre otros aspectos interesantes.

Los autores intentan que el lector aprecie el cine a través de citas y comentarios, y ponen a prueba sus conocimientos de cultura del celuloide con divertidos juegos y curiosas preguntas. Bellamente ilustrada con más de 300 fotografías a todo color, esta original e interactiva historia del cine le ofrece la oportunidad de comprender mejor la más popular de todas las formas de arte.

Sólo es una película
Charlotte Chandler

Sólo es una película muestra el lado más humano y menos técnico de Alfred Hitchcock, y lo hace sin perder de vista los aspectos clave en la vida y la obra cinematográfica del genial director.

La autora adopta en estas páginas un punto de vista personal después de haber compartido largas horas no sólo con Alfred Hitchcock sino también con su esposa, su hija y muchos de sus colaboradores y amigos. El resultado es una biografía desde una perspectiva familiar, tierna y cariñosa, en la que se percibe que Chandler ha disfrutado como nadie realizando este trabajo.

Brando por sí mismo
Lawrence Grobel

Marlon Brando ha sido considerado como el mejor actor del siglo XX, el actor por antonomasia. Un ser excéntrico y extraño, pero, también, genial y muy humano. En definitiva, la expresión máxima de lo que entendemos como un espíritu libre, constituido en un auténtico mito del cine.

Brando por sí mismo es, sin duda, una obra única y especial, por tratarse de un documento de primera mano en el que Marlon Brando se expresa de manera directa y sin tapujos acerca de un repertorio inacabable de temas y cuestiones de plena actualidad.

Woody Allen por sí mismo
Richard Schickel

El escritor Richard Schickel realizó una exhaustiva entrevista televisiva al genial cineasta. Aunque sólo se emitió parte de ella, el resultado recibió una excelente acogida por parte de críticos y aficionados. *Woody Allen por sí mismo* reproduce la totalidad de la charla que tuvo lugar entre ambos personajes e incluye un profundo análisis de la carrera profesional del cineasta. Breve, incisivo y de lectura ágil y amena, constituye un documento esencial para todos los que quieran acercarse en profundidad a la vida y obra de Woody Allen.